ちくま新書

ひきこもりの真実

―[illegible]切なこと

林 恭子
Hayashi Kyoko

1621

ひきこもりの真実——就労より自立より大切なこと【目次】

第五章　家族にどうしてほしいのか　195

はじめに

二〇一九年一二月以降、新型コロナウィルス感染症（COVID-19）は世界中に広がり、「ステイホーム」が推奨された。つまり誰もが外出を控えて「ひきこもってください」と言われたのに等しい。

かつて私がひきこもっていたときに、このコロナ禍が起きていたら何を思っただろう。当時、外の世界はまるで別世界で実感がなかったので、「大騒ぎしているけど自分には関係ない、どうせいつまで生きられるかわからないし……」と思ったような気もするし、「家にいても責められないので少し気が楽だ」と思ったかもしれない。いずれにしろ「死んでるみたいに生きている」と思っていた私には実感のないものだっただろう。

私は、高校二年で不登校になり、二〇代でひきこもったことのある「ひきこもり経験者」だ。もう一度この社会の中で生きてみようと思えるまでには二〇年という月日がかかった。現在は、不登校やひきこもりに関わり、自分や同じような経験をした人が少しでも生きやすく、呼吸が楽にできる場や人との出会いを作りたいと思って活動している。それはあくまでも「支援」ではなく「当事者としての活動（当事者活動）」だ。

そのひとつに「一般社団法人ひきこもりUX会議」がある。UX会議は、不登校、ひきこもり、発達障害、性的マイノリティの当事者・経験者五名で構成された当事者団体で、主にイベント開催や実態調査、ブックレットや白書の刊行、講演会や研修会の講師などを通じて、一人ひとりが自分の人生を自分でデザインできる社会を目指して活動している。

（UXとは「Unique eXperience/ユニーク・エクスペリエンス＝固有の体験」という意味）

UX会議では「当事者の声を届ける」ということが活動の柱のひとつだが、そこには当事者不在のままひきこもりが語られ、支援が作られてきたことへの違和感がある。

これまでの二〇年余り、ひきこもりの実態が知られないままに支援が作られたため、当事者のニーズとは合わず、解決に至らないままに時間ばかりが過ぎたように感じている。「働かない」「甘え、怠けている」「若い男性が自室にひきこもってゲームばかりしている」というようなステレオタイプのイメージではひきこもりを捉えることはできない。

ひきこもりUX会議では、二〇一九年に「ひきこもり・生きづらさについての実態調査

2019」を実施した。そこからは、一〇代～八〇代までの当事者がいて、女性のひきこもりがいること、主婦や子育て中の当事者もいること、ひきこもりの原因は多様かつ複数に及ぶことや、社会経験のある当事者もいるが、多くは働くことの手前で生きる意欲を失っていることなども見えてきた。

本書では、その実態調査やこれまでの当事者活動などをもとに、できる限り今現在のひきこもりの現実を描き出していく。ひきこもりや生きづらさを抱える当事者・経験者の実態を明らかにし、ジェンダーや年齢、ひきこもりの動機や現状が実に多様であることを示してみたい。そして多くの当事者が「課題がある」と答えた支援についても、そのあり方や今後の方向性について考えていきたい。

また、私自身がなぜ不登校・ひきこもりになったのか、どのような経緯を経て「もう一度生きてみよう」と思えるようになっていったのか、当時私が感じていたこと、欲しかった支援、家族に望むことや兄弟姉妹の関わりについてもお伝えしたい。ひきこもりは百人百様といわれる。私の体験はたったひとつの事例に過ぎないが、その個人的な体験の中に何かひとつでもひきこもりの理解へのヒントやきっかけがあればありがたいと思う。

コロナ禍が続くなかで、「ひきこもりの人は〝ステイホーム〟のプロだからコツを教えてほしい」とか「みんなひきこもりだから気持ちが楽になったのでは」と言われた。そのたびに、そういうことではないのだけど、と思った。私は「ステイホーム」と「ひきこもり」はまったく違うことだと思っている。それはなぜか。その思いを本書を通じて感じ取っていただけたらうれしい。

まずは、二〇一九年に実施した実態調査の結果から、あらためて「ひきこもり」とはなんなのか、ひきこもり当事者の置かれている状況や思いとはどのようなものなのかをお伝えしていきたい。

第一章
ひきこもり16686人調査

†「ひきこもり・生きづらさについての実態調査2019」

「ひきこもり」という言葉が広く知られるようになり二〇年以上が経過した。この間、ひきこもりによる困難を抱える人たちに向けてさまざまな支援策が講じられてもきた。しかしながら、ひきこもりへの「甘えている」「怠けている」といった誤解や偏見、先入観に基づいた事件の報道等により、当事者本人たちの実情や本音とはかけ離れたネガティブなイメージや、ニーズと乖離した支援が定着してしまった二〇年でもあったと思う。

二〇一九年秋、一般社団法人ひきこもりUX会議は、ひきこもり等の生きづらさを抱えた当事者・経験者を対象に「ひきこもり・生きづらさについての実態調査2019」を実施し、全国の一六八六名から回答を得ることができた。

これまでにも国や地方自治体等でさまざまな「ひきこもり」の実態調査は行われてきたが、これほど多くの当事者・経験者が直接回答をした調査は過去に例がない。

本調査の目的は、ひきこもり等の生きづらさを抱えた当事者・経験者たちがどのような状況にあり、何を思い、何を必要としているかなど、その実態を明らかにすることにあった。そしてそのリアルな姿を知ってもらい、適切な支援が構築されることにより、本人たちが尊厳を持って自らのライフデザインを描けるようにすることである。

この実態調査では、私たちがひきこもりの当事者団体であり、調査対象者と同じような経験をしたことがあること、またこれまで続けてきた当事者目線での活動への共感があったことから、多くの当事者・経験者が「自分の声を届けてほしい」という気持ちで協力してくれたのではないかと感じている。特に四六万字に及ぶ自由記述には、当事者が置かれている厳しい現状や切羽詰まった思いが溢れており、その声の多さに圧倒された。

「ひきこもり・生きづらさについての実態調査2019」

調査期間：二〇一九年一〇月一七日〜一一月一五日
調査対象：ひきこもり・生きづらさの当事者・経験者（年齢・性別問わず）
配布方法：イベントやSNSなどオンライン上での告知、クチコミなど
回答数・方法：有効回答一六八六名（オンライン回答九四・二%、書面回答五・八%）
監修：新雅史（流通科学大学商学部専任講師）
調査協力：公益財団法人日本財団

まず、主な結果を見てほしい。

●「現在ひきこもり」の平均年齢は三〇代が三六・一%で最多、次に四〇代が二七・一%。
●ひきこもり期間の平均八・八年。年代ごとに長期化していく。(一〇代は三・〇年↓三〇代は約八・九年↓六〇代は約一七・九年)
●四分の一以上が二回以上のひきこもり経験があり、複数回にわたる「断続的なひきこもり」の傾向がある。
●ひきこもりの要因が一つであるケースは一三・三%。ひきこもり期間が長いほど、その要因が増え複雑化している。
●就労支援サービスや行政機関の支援サービスを利用したことがある人のうち、サービスに課題を感じる人が約九割。
●生きづらさの改善・軽減には「安心できる居場所」が必要だと感じている人が五〇・三%で最多。

現在、ひきこもりは高年齢化・長期化しており、断続的にひきこもる人も多い。その要因は複雑かつ複数に及ぶ。また、支援のあり方に多くの課題があることも明らかになった。

支援については第三章で詳しく述べるとして、第一章では、この調査をもとにリアルなひきこもりの姿を伝え、ひきこもりに対するさまざまな誤解を解いていきたい。

また、ＵＸ会議では二〇二〇年末に、「コロナ禍におけるひきこもり・生きづらさについての調査２０２０」を実施した。二〇二〇年から続くコロナ禍を受け、ひきこもりの当事者が置かれた状況はますます過酷になっている。この緊急アンケートの結果も合わせて紹介する。

†ひきこもりは外出しない？

まず、「ひきこもり」とは誰なのか。どのような状態を「ひきこもり」というのだろうか。

厚生労働省の定義では「様々な要因の結果として、社会的参加（義務教育を含む就学、非常勤職員を含む就労、家庭外での交遊）を回避し、原則的には六カ月以上にわたって概ね家庭にとどまり続けている状態（他者と交わらない形での外出をしていてもよい）」とされている。一方で、二〇一五（平成二七）年度の内閣府の若者の生活に関する調査では、ひきこもり状態の人のうち九割は、自宅や部屋に閉じこもっているわけではなくて、趣味の用事やコンビニには出かけるという。

今回の私たちの調査では、ひきこもりの定義を「自認」とした。外出ができるようになり限られた人と接することができるようになっても、また家事手伝いや、結婚して主婦

(主夫)であっても、生きづらさを抱え、生きる希望が見いだせず、一日一日をやっと過ごしている人が、自分自身を「ひきこもり」だと思うならば、それは「ひきこもり」であり「当事者」であるとした。

「経済的自立」や「就労」がゴールとされ、それを目指す支援を受けて到達したところで、希望も未来も見えず、生きることがつらいと感じている人たちにとっては、それは「ゴール」でも「卒業」でもない。私自身も、二〇代に入ってから休み休みでもアルバイトを続けたが、生きづらさは軽くなるどころか年々強まり、ついに二七歳で再びひきこもった。就労後、親や支援者が喜びホッとしたのもつかの間、命を絶った当事者もいる。

外出できるようになっても、就労したとしても、自分を「ひきこもり」だと思う人は存在するのだ。実際、調査の自由記述には「働けるようになった今も、自分は崖っぷちを歩いている気分で、いつまた完全な引きこもりになってもおかしくないと怯えています」「「普通」を求められているようで、孤独を感じる。それを相談したり共有したりする居場所がなく、生きづらさを感じる」といった声があった。

また、調査によれば回答者の四分の一以上が断続的にひきこもった経験があった。一度社会とつながったり、就労したりしたとしても、再びひきこもることがあるのだ。

「ひきこもり」の人とはけっして、自室や家から一歩も出ず誰とも話さない人、ではない。

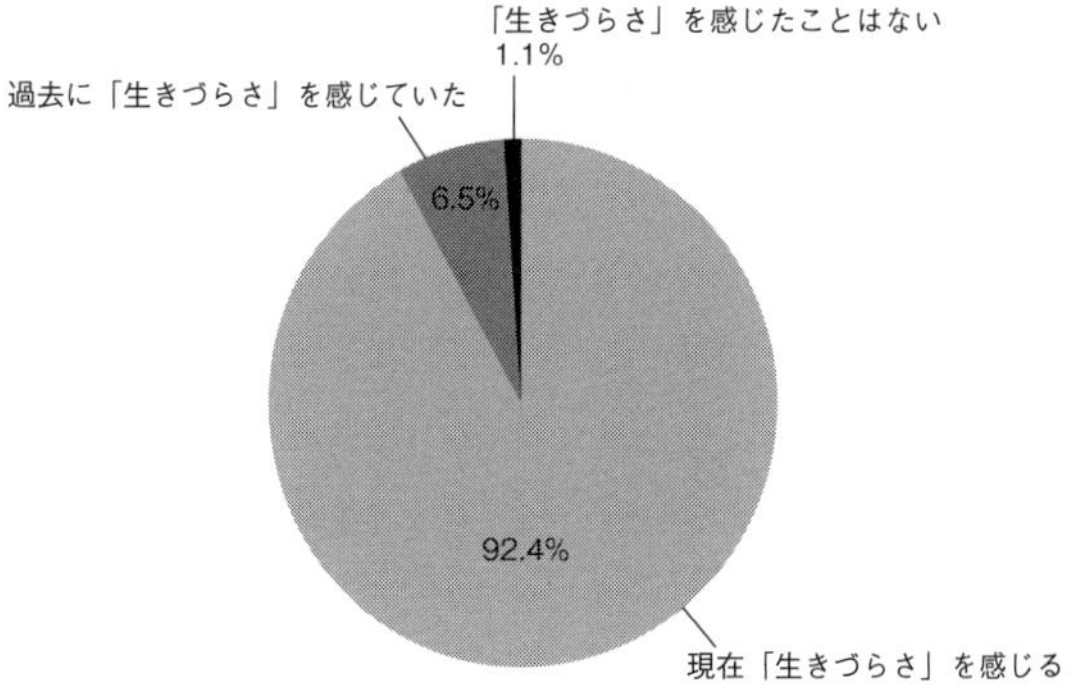

図表 1-1　生きづらさを感じたことがあるか（現在ひきこもり）
「ひきこもり・生きづらさについての実態調査 2019」問 8／単一回答。n=936。

父親との関係	44.4%
母親との関係	48.0%
それ以外の家族との関係	33.4%
家族以外の人間関係	53.7%
からだの不調・病気・障害	41.6%
こころの不調・病気・障害	74.1%
性自認や性的指向	10.2%
対人恐怖	63.2%
自己否定感	75.5%
経済的不安	71.5%
その他	16.1%

図表 1-2　生きづらさの理由
「ひきこもり・生きづらさについての実態調査 2019」問 9／複数回答。n=1655。

注目すべきは、本人の生きづらさ、孤独や孤立なのだ。今回の調査の対象である、ひきこもりを自認する人たちのうち、「現在生きづらさを感じている人」は九二・四％だった。「かつて感じていた人」を含めると九九％に上る。ひきこもりに悩む人は、すなわち生きづらさを感じている人なのだ（図表1-1）。

「ひきこもり」を外出の可能不可能や対人関係の有無で定義するのではなく、生きづらさを抱え、生きることや未来への希望を失っている人とすることで、問題の本質を捉え、必要な支援につなげることができるのではないだろうか。なお、生きづらさの理由としてもっとも多かったのは「自己否定感」の七五・五％で、「こころの不調・病気・障害」七四・一％、「経済的不安」七一・五％と続き、いずれも七〇％台と高い水準となっている。また六三・二％もの人が「対人恐怖」を抱えていることがわかった（図表1-2）。

未だにひきこもりは「外出できず人とのコミュニケーションが取れない人」というイメージが強い。新聞やテレビ等で、女性向けのひきこもり・生きづらさの当事者会である「ひきこもり女子会」が取り上げられるたびに、「女子会に行けるならひきこもりじゃない」という声が寄せられる。だが次章でも取り上げるとおり、女子会に参加することが当事者にとってどれほど高いハードルか。勇気を振り絞り、ときに「命がけで」参加しに来ることは知られていない。

また、「現在ひきこもっている」人のうち「毎日誰かと話している」人は七二・六％いて、家族を含め誰かしらと会話をしている人が多いことも、ひきこもりは誰とも喋らないというイメージを覆すものではないだろうか。

ここから、引き続きステレオタイプな「ひきこもり」のイメージを覆すような実態について見ていきたい。「ひきこもり」には男性が多いのか、甘えで怠けであり、親のすねをかじって楽をしているのか。実態はそのようなイメージとは程遠いといえる。

†ひきこもりは若い男性？

これまでのひきこもりに関する国の調査は、三九歳までの若年層に限られていた。ひきこもりが高年齢化していることはずいぶん前から指摘されており、現場からの声に押される形でようやく二〇一八年、内閣府は初めて四〇歳から六四歳のひきこもりの実態調査を行った。調査結果からは、全国に推計六一万三〇〇〇人の中高年のひきこもりがいて、二〇一六年調査の一五〜三九歳の推計五四万一〇〇〇人を上回り、高年齢化していることが実証された。また、今回のUX会議の調査でも、年齢層は三〇代が三六・一％でもっとも多く、二番目が四〇代で二七・一％と、やはり若者が多いとは言いがたい。

男女比はどうだろうか。内閣府の調査では男性が七六・六％、女性が二三・四％と男性の比率が高い。しかしUX会議の調査では女性が六一・三%と女性のほうが多かった。これは、UX会議が二〇一六年から「ひきこもりUX女子会」を全国各地で主催しており、女性への認知度が高いことも理由であるだろう。しかし、二〇一六年に豊中市が実施した「若い世代の生活に関する調査」でも、女性の比率が五四・二%と、男性を上回っていた。

また、一概に比較はできないが、文部科学省の二〇一四年度「児童生徒の問題行動等生徒指導上の諸問題に関する調査」では、小・中学校の不登校の女子は合わせて四七・五%と四七・七%であり、ほとんど差がない。内閣府の二〇一二年度「若者の考え方についての調査（ニート、ひきこもり、不登校の子ども・若者への支援等に関する調査）」では、小・中・高不登校の女子はそれぞれ六三・〇%、五九・三%、五七・三%と、女子のほうが多い。

これまで、ひきこもりといえば「若い男性」というイメージを持つ人が多かったのではないだろうか。しかし、実際には女性のひきこもりも存在し、なかには主婦という人も少なくない。また年々高年齢化も進んでおり、ひきこもりが「若く」「男性に多い」というイメージは現実とはかけ離れている。

†ひきこもりは楽？

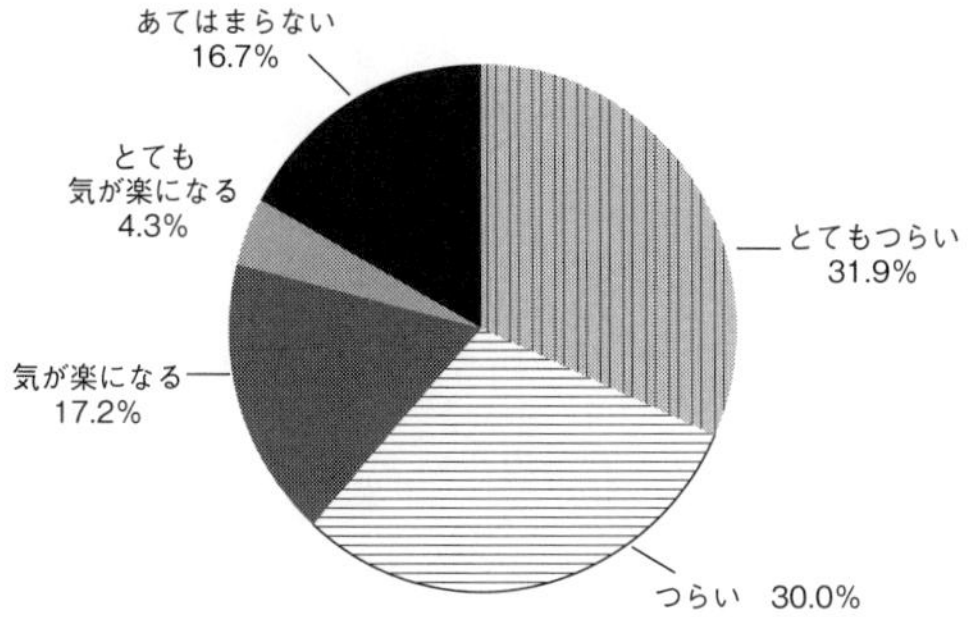

図表 1-3　ひきこもることはつらいか、気が楽か（ひきこもり経験あり）

「ひきこもり・生きづらさについての実態調査 2019」問 7／単一回答。n=1439。

ひきこもりはとかく「甘えている」「怠けている」「楽している」と言われる。だが、「ひきこもることは、あなたにとってつらいことですか、それとも気が楽になることですか」という問いには、六一・九％が「ひきこもることはつらい」と回答した。ひきこもること自体も苦痛であり、けっしてそのことで救われるわけではないことがわかる。「気が楽になる」の一七・二％と「とても気が楽になる」の四・三％を合わせても二一・五％とけっして多くはなく、「ひきこもりは楽をしている」という世間のイメージとはほど遠い姿が見える（図表1-3）。

また、「あてはまらない」という回答が一六・七％あることからは、「外に出るよりはましだがけっして気が楽なわけではない」という悩ましい思いが感じられる。

私自身もそうだったが、ひきこもり当事者の多くは「このままではいけない」「なんとかしなくては」「どうしてこんなことになってしまったのか」と常に自分を責めながら生きている。そのような心理状態で自宅にこもっていることはけっして「楽」ではない。二〇二〇年以降、新型コロナウィルス（COVID-19）感染拡大でくしくも世界中の人が「ひきこもり」にならざるを得ない状況が起きたが、人と会わず自宅にこもりきりになることで、どこかしら息苦しさを感じたり、心身の不調や家族関係の悪化などを感じた人も多かったのではないだろうか。

また、「現在ひきこもりで急な病気でも頼れる人がいない人は二八・三％と、四人に一人以上が困難なときに頼れる人がいない孤立状態にある。ひきこもりの長期化にともない家族関係の悪化や親の高齢化など、身近な家族にも頼れなくなっている様子がうかがえる。今後、親も当事者も高年齢化していくなかで、頼れる人がいないということは、さらなる困窮や孤独死にもつながる可能性があり、対策が急務だ。

ひきこもりの原因やきっかけは、多いものから順に「こころの不調・病気・障害」「家族との関係」「不登校」「からだの不調・病気・障害」「友人・知人との関係」「職場での人間関係」と続く。そして六八・八％の人が、これらの要因が三つ以上あると答えていた。また、「いじめ」「不登校」「家族との関係」の三つにおいては、ひきこもり期間が長くなるほど数値が高くなり、ひきこもり状態が長引く要因になっていることが見て取れる。

本人もなんとかしなくてはと思いつつも、何から手をつけたらいいのかわからずがんじがらめで身動きが取れなくなっているのが実情ではないだろうか。

†ひきこもりは働きたくない?

今回の調査では、現在就労していない人の八割に就労経験があった。また「働きたいと思うか」という質問には「現在就労していない人」の五九・八%の人が「働きたい」と答え、すべての回答者のうち「ハローワークや若者サポートステーションなどによる就労支援・サービスを利用したことがある人」は六〇・三%に上っている。当事者はけっして働きたくないわけではなく、自ら支援にも繋がろうとしていることがわかる。

就労していない理由を尋ねると、数値が高い順に「就労する自信がない」「こころの不調・病気・障害」「からだの不調・病気・障害」「自分の望む勤務条件の仕事がないから」だった。

心身の不調を抱える人、非正規を繰り返し気力や希望を失った人、いじめやパワハラ、セクハラ等の影響で対人恐怖を抱える人がいる。何度も面接に行くが履歴書の空白などもあり採用に至らない人もいる。働きたいと思ってもいくつもあるハードルは高く、就労に辿り着けないのが実情だ。

ここで調査の自由記述から仕事についての声をいくつか紹介したい。なお、巻末の付録1（二四五頁）に、紙幅の許すかぎり調査やアンケートの自由記述回答を掲載している。ぜひ読んでみてほしい。

・就労していた時、体調不良を起こして、嫌味を言われた。就労できるようになっても、同じ目にあって、体を壊すことが怖い

・労働自体が嫌なわけじゃない。面接、そもそも採用されない、新しい人間関係の構築、仕事に慣れるまでの間の肩身の狭さが物凄く心理的負担になっている

・過去の勤務状況を思い出すと、とてもじゃないけど、考えられないかんじ。結局、こわいんだと思います。SOSを受け取ってもらえない。相手を納得させるだけのコミュニケーション力もない。自信も。自分のすべてのエネルギーを注いで、でも、乗り越えれなかった

また、「就労するようになった理由」では以下のような声があった。

・22歳から36歳まで完全なひきこもりで毎日絶望していた。履歴書不要で面接もないす

ぐ働ける登録制の派遣でなんとか収入を得られるようになったが、いつまで続けられるかわからない。
・今でもひきこもりたい誘惑にかられる。十分に心、身体が改善したとは思っていない

このように、心身の状態が回復、改善していないまま、仕方なく仕事に就いている人がいることがわかる。このような状態で長時間働き続けることはとてもしんどいことであり、それでも「就労がゴール」と考えることには無理があるのではないだろうか。

ひきこもっている人の多くはけっして、働きたくない、楽したいと思っているわけではない。働けない自分を責めながら、なんとかみんなと同じように働きたい、社会参加したいと思っている。だが、人間関係の困難や心身の不調、画一的な働き方など、自分に合った無理のない働き方が見つけられずにいるのだ。

†親が裕福だからひきこもれる？

今回の調査では、親に経済的に支えられている人が九〇・九％で、ひきこもりの多くは親の収入に頼りながらの生活であることがわかる（図表1-4）。一方で「現在ひきこもり」のうち一八・〇％が単身世帯であり、生活に困窮している人も「すべての回答」で四

あなた自身	32.6%
父	49.4%
母	41.5%
きょうだい	5.4%
祖父母	3.0%
配偶者／パートナー	14.8%
子	0.5%
いない	3.4%
その他	6.5%

図表1-4　家族からの経済的な支え

「ひきこもり・生きづらさについての実態調査2019」複数回答。n=1662。

1人	18.0%
2人	25.4%
3人	32.3%
4人	17.4%
5人	4.8%
6人以上	2.2%

図表1-5　現在「ひきこもり」の人の同居人数（本人を含む）

「ひきこもり・生きづらさについての実態調査2019」単一回答。n=919。

五・七％と半数近くに上った（図表1－5）。

本人や家族の高年齢化が進んでいる現在、親子で年金に頼りながらの生活を送っている場合、親亡き後すぐに生活が困窮することは容易に想像できる。今後さらに高年齢化が進めば、困窮の度合いは加速度的に高まることだろう。親亡き後、支援を受けることができず自宅で衰弱死する事例も全国で起きている。

今回の調査では資産について尋ねていないのだが、NPO法人KHJ全国ひきこもり家族会連合会が実施した二〇〇六年の「ひきこもりの実態に関する調査報告書」によれば、ひきこもり状態にある人を持つ世帯の平均年収は五三八万円であり、総務省統計局（二〇〇五年）による日本の平均世帯年収六三六万円とくらべると一〇〇万円ほど少なくなっている。調査対象となったひきこもりの

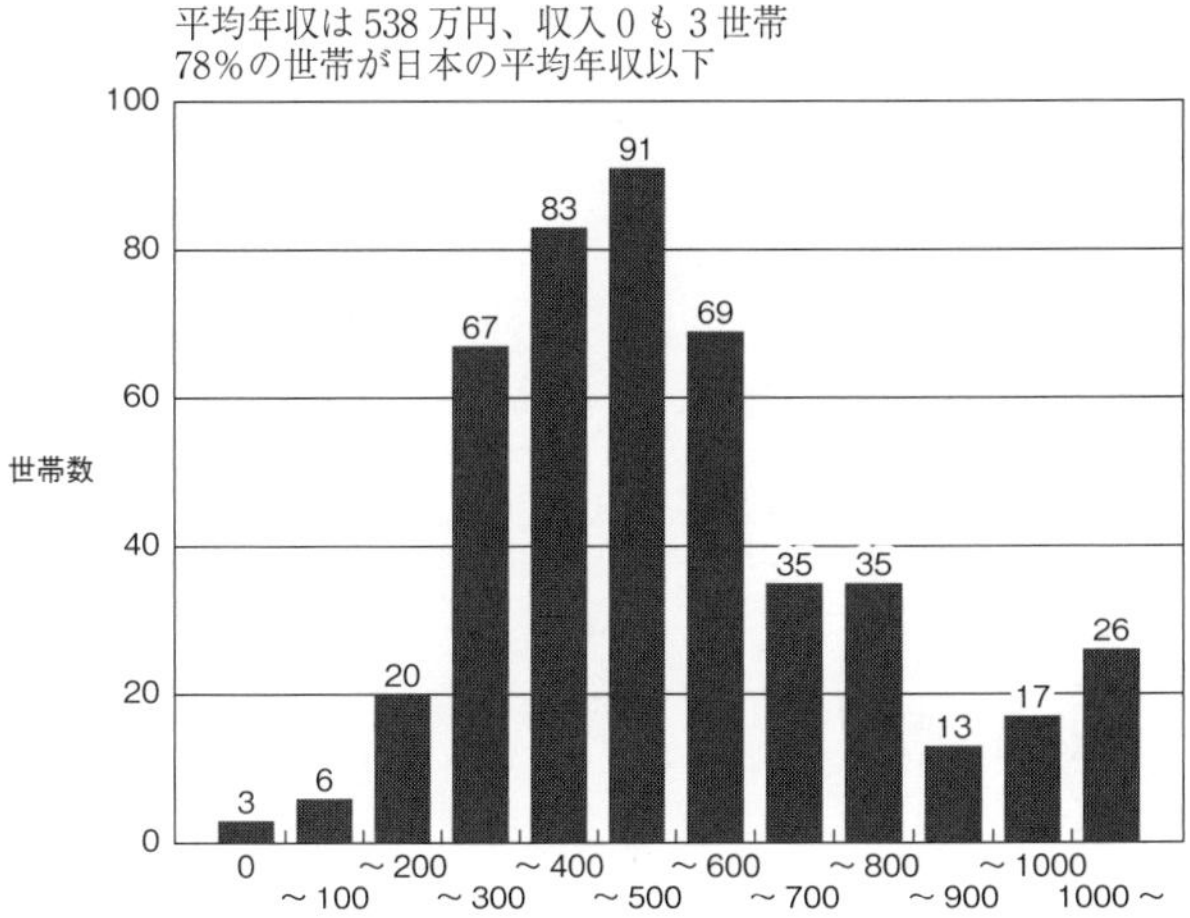

図表1-6　ひきこもりの人がいる世帯の年収（万円）

NPO法人KHJ全国ひきこもり家族会連合会「ひきこもりの実態に関する調査報告書」（2006）より作成。

家族がいる世帯の七八%が日本の平均年収を下回っていた（図表1-6）。このことからもわかるように「ひきこもっていられるのは親が裕福だから」という指摘は必ずしも当てはまらない。

一〇～二〇年ほど前までは、「兵糧攻めにすればひきこもりから抜け出す」と言う支援者や親もいた。生活の面倒を見なければ、お金を与えなければ出ていくだろうということだ。だが、親亡き後も動き出すことができなければ餓死か自死だと言う当事者は少なくない。私自身ひきこもっていたときはそれしかないと思っていた。

確かに親が養っているから現状生きていられるのは事実だろう。だが、ひきこもれるのは裕福だからだというのは誤解だ。経済的に困窮したからといってひきこもりから抜け出せるものではなく、どうしようもなく絶望している社会や人と関わるくらいなら死んだほうがいい、死ぬしかないという状況に陥っている当事者はけっして少なくない。

†ひきこもりと性的マイノリティ

ここまで実態調査をもとに、「ひきこもり」の実像がステレオタイプのものとはかなり異なったものであることを述べてきた。一方、これまで見えていない、いないものとされてきたひきこもりの人たちもいる。性的マイノリティと女性のひきこもり当事者だ。女性のひきこもりについては第二章で詳しく取り上げるとして、ここでは性的マイノリティの当事者について述べてみたい。

ひきこもりの人のなかには性的マイノリティの当事者もいるということは、以前から当事者間では認知されていた。今回の調査では、性別に「その他」と回答した人は四・八%だった（性別に「男性」「女性」と回答した人のなかには、トランスジェンダーの当事者がいることも予想される）。「その他」を選んだ人のうち四九・三%が「性自認や性的志向」がひきこもりの原因やきっかけになっていると答えており、また「現在生きづらさを感じてい

	男性 n=504	女性 n=852	その他 n=67
家族との関係	36.5%	45.0%	50.8%
友人・知人との関係	25.6%	33.8%	38.8%
からだの不調・病気・障害	24.4%	39.7%	53.7%
こころの不調・病気・障害	63.3%	77.5%	85.1%
いじめ	22.0%	25.1%	34.3%
不登校	37.1%	38.2%	43.3%
就職活動	29.8%	23.6%	38.8%
職場での人間関係	26.8%	32.4%	32.8%
ハラスメント・暴力	14.7%	16.4%	28.4%
退職	28.4%	28.2%	25.4%
性自認や性的指向	4.2%	2.5%	**49.3%**
その他	21.8%	17.3%	19.4%

図表 1-7 「ひきこもり」の原因やきっかけ（ひきこもり経験あり）
「ひきこもり・生きづらさについての実態調査 2019」問 6／複数選択。

	男性 n=560	女性 n=1014	その他 n=80
現在「生きづらさ」を感じる	85.7%	88.1%	**93.8%**
過去に「生きづらさ」を感じていた	12.1%	11.5%	3.8%
「生きづらさ」を感じたことはない	2.1%	0.4%	2.5%

図表 1-8 性別ごとの生きづらさ
「ひきこもり・生きづらさについての実態調査 2019」問 8／単一選択。

る」と回答したのは「その他」の人が九三・八%でもっとも高かった(図表1-7、1-8)。

自由記述からは、ひきこもり支援が「セクシュアル(性的)マイノリティを想定していない」「LGBTの抱える困難を軽視して自己責任化される」、また「レズビアンやセクシュアルマイノリティーが安心して行ける、話せるひきこもり支援場所がほしいです」など、安心して相談できる窓口や居場所が少ないことがうかがえた。「ひきこもり」かつ「性的マイノリティ」というダブルマイノリティである人たちは、その困難さが見えづらく、また理解が広がっていないこともあり、より生きづらさや孤立を深めているといえる。

†ひきこもりは何も考えていない?

では、実際にひきこもり当事者たちはどんな思いを抱えているのだろう。

家族や支援者からは「気持ちを聞いても何も言ってくれない」「話してくれないのでどうしたら良いかわからない」という声がよく聞かれる。ときには「悩んでいるようには見えない」とか「本当は何も考えていないのではないか」と言われることさえあるが、もちろんそんなことはない。何を言っても否定されたり批判されてばかりいるから、「どうせわかってもらえない」と口を閉ざしていくのだ。

今回の調査では自由記述欄に四六万字もの声が寄せられた。そのなかには「ひきこもりの声に耳を傾けてくださりありがとう」「アンケートの場を作ってくれてありがとう」「この実態調査に参加することができて、とても嬉しいです。（中略）できることなら私自身も何かの力になりたいと考えております」など、アンケートそのものに感謝するという声をたくさんいただいた。ひきこもりの当事者や経験者は、言いたいこと、伝えたいことがないのではなく、それを安心して伝えられる場、聞いてもらえる場がないのだということを強く感じた。

以下、ごく一部だが、調査の自由記述から当事者たちの声を抜粋して掲載する。その切実な思いを少しでも知っていただけたらと思う。

・ひきこもり以外でも孤立してしまう人はたくさんいると思うし、1人で複数の困りごとを抱えている人も少なくないはず。どういう悩みでも、どういう状況でも、何歳でも、ひきこもりに限らず、社会全体で孤立状態を減らせるような仕組みがあったらいいなと思う。ひきこもって何年もの自分の人生の貴重な時間を奪った自分自身のことが許せず、過ぎていった時間は戻らないけど、失敗し、つまづいてしまったことを、どうか許してほしい。それぞれのやり方で再出発できるような多様な後押しがあったら、本当に助かる。

・この場所が本当に有難かった。まとまらない文章沢山書いて本当にすみません、ありがとう。普段はこんなに言葉にできる場所がないから、嬉しくて、溜まってた感情が爆発して涙が止まりません。他にも聞いて欲しいことが出てきました。（中略）悲しい思いをして孤独を感じ、辛く生きれないから、思うように生きれないから、本当は生きたいけど、変わらないからもう死にたいんだ…と思う人が減りますように。

---

†コロナ禍におけるひきこもり・生きづらさについての調査2020

二〇二〇年に入り、私たちは「ひきこもり・生きづらさについての実態調査2019」をさらに分析、考察を深めて「ひきこもり白書2021」を出そうと準備を進めていた。その間、新型コロナウィルスの感染拡大は収まる気配を見せず、緊急事態宣言も出されるようになった。コロナ禍で、ひきこもりの居場所がひらけず、相談窓口の閉鎖・縮小や、始めたばかりのボランティアやアルバイトに行けなくなった、家族間の緊張が高まり家に居るのもつらい、などの声を聞くようになった。

そこで急遽、二〇二〇年の年末から二〇二一年の年始にかけて「緊急アンケート：コロナ禍におけるひきこもり・生きづらさについての調査2020」を実施し、ひきこもりや生きづらさの当事者・経験者の現状について明らかにしたいと考えた。

「コロナ禍におけるひきこもり・生きづらさについての調査2020」
調査期間：二〇二〇年一二月二二日〜二〇二一年一月三日
調査対象：ひきこもり・生きづらさの当事者・経験者（年齢・性別問わず）
調査方法：オンラインフォームへの入力
回答数・方法：有効回答三九七名
監修：新雅史（流通科学大学商学部専任講師）、関水徹平（立正大学社会福祉学部准教授）
調査協力：公益財団法人日本財団

調査結果からは、コロナ禍で精神状態が悪化した人、生活に困窮している人、孤立を深めている人がいることがわかった。以下、その一端を紹介する。

●コロナ禍で、一人暮らしのひきこもり当事者の約三割が生活に困窮
●回答者三九七人のうち、コロナ禍の影響などによりこの一年でひきこもりになった人が五〇人
●現在ひきこもっている人のうち六三・八%が、コロナ禍で精神状態が悪化

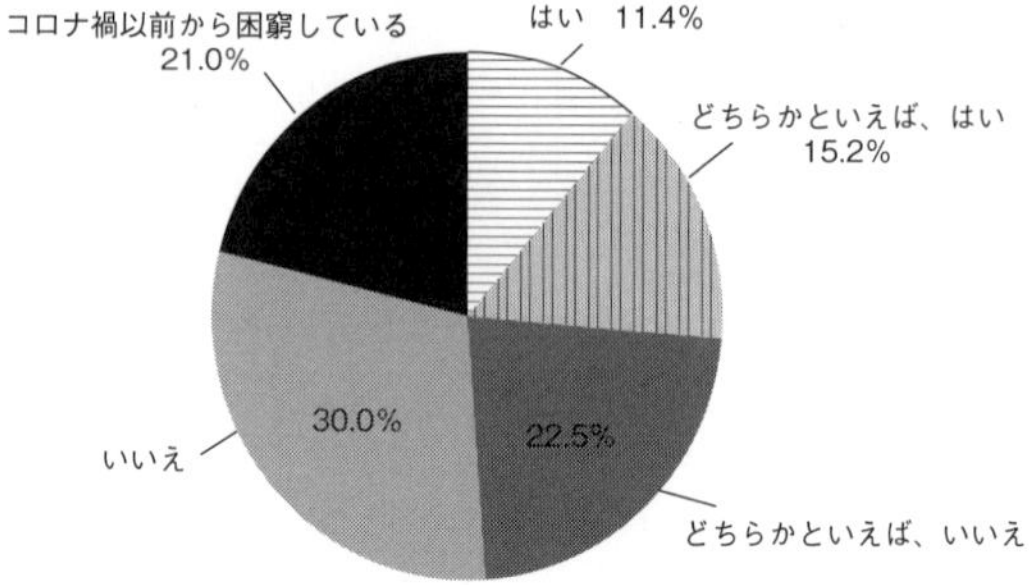

図1-9　経済的に困窮しているか
「コロナ禍におけるひきこもり・生きづらさについての調査2020」単一回答。

アンケートは二〇二〇年一二月二二日から二〇二一年一月三日の期間にオンラインで実施し、一〇代から七〇代までの三九七人から回答が寄せられた。

コロナ禍によって経済的に困窮していると答えた人は二六・六％。また、コロナ禍以前から困窮していると答えた人が二一・〇％で、合わせると全体の半数近くが困窮状態にある（図表1-9）。

また、一年前にはひきこもりではなかった人のうち、二四・六％が現在ひきこもりだと答えており、コロナの影響を受けて雇い止めなどの雇用悪化、将来の不安が高まるなどの精神状態の悪化により、この一年でひきこもり状態になった人がいることがわかった。

コロナ禍においての外出の頻度は、「減った」と「まったく外出しなくなった」を合わせると六割強となり、多くが影響を受けている。

病院・診療所などの利用頻度が「減った」「まったく利用しなくなった」と答えた人は二割強、ひきこもり等の支援機関についての同回答は一割台半ばだった（ちなみにもっとも多いのは「コロナ禍以前から利用していない」の五八・三％である）。また、居場所や当事者会の利用頻度低下は約三割と、出会いと交流の場がもっともコロナ禍の影響を受けていた（図表1-10）。

精神状態については現在ひきこもり状態の約六割が「悪化した」と回答、将来への不安についても「増した」人が六割を超えた（図表1-11）。

自由記述からは、外出できないことや当事者会に参加できなくなったこと、先の見えない社会状況への大きな不安などを抱えていることが見て取れた。

・当事者会に行けず、以前にもまして孤独感が大きくなった。気持ちを吐き出す場所がない。

・親が喘息持ちな為、感染リスクがあり全く参加出来ずにいるのがとても辛い。当事者会で緩く繋がってた人にも会えず、人と会話する機会も減り、孤立した状態に陥っていると感じる。

・コロナ禍での感染に対する恐怖と経済状況の悪化を見るにつけ以前にもまして八方塞

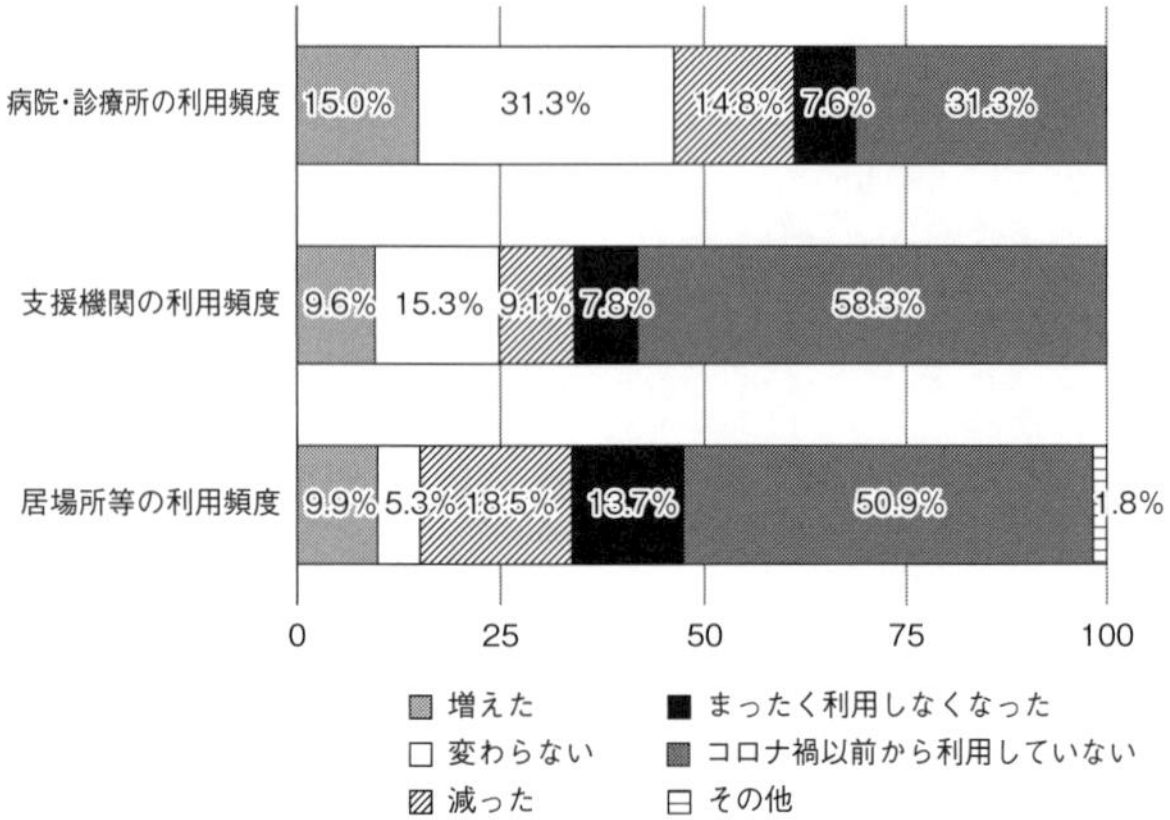

図 1-10　支援の利用頻度の変化

「コロナ禍におけるひきこもり・生きづらさについての調査 2020」単一回答。

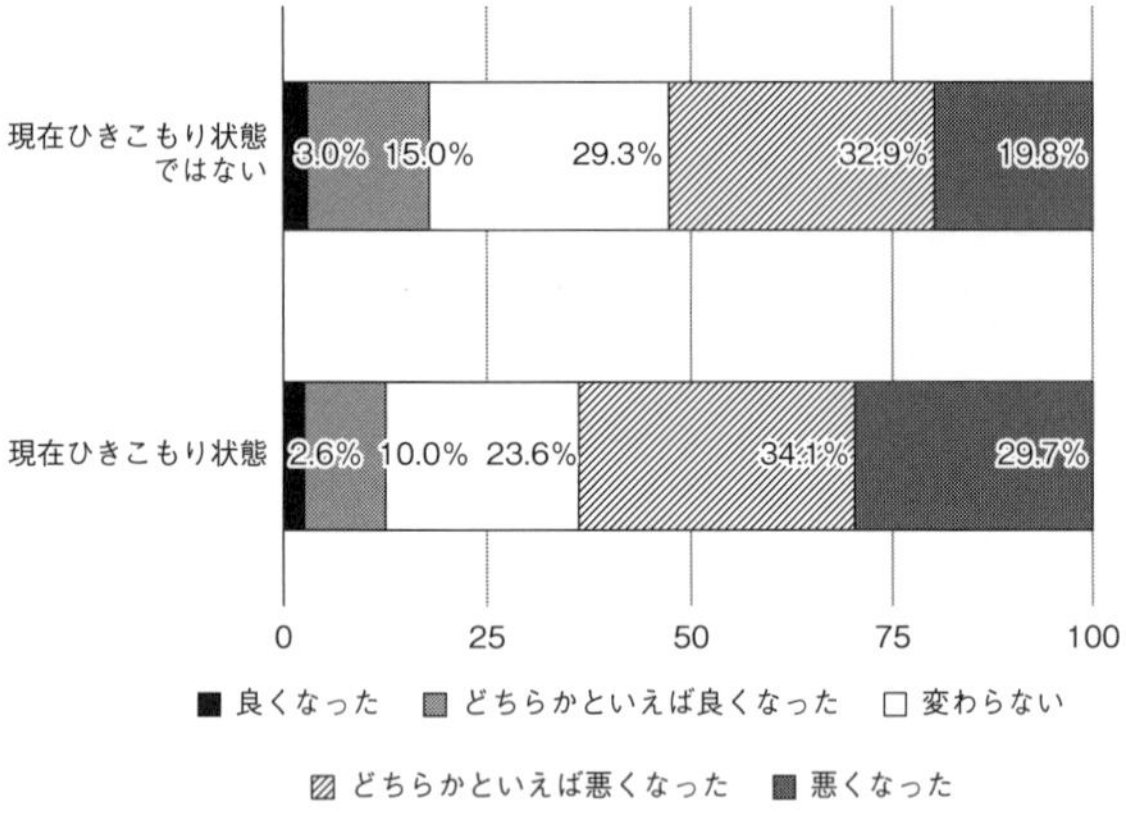

図表 1-11　ひきこもり状態と精神的な状態の関係

「コロナ禍におけるひきこもり・生きづらさについての調査 2020」

がりでどうにもできない現状に気落ちして、体調を崩している日々です。
・死にたい気持ちが強くなった。24時間気持ちが休まることがないのでとてもつらい。こんな状態であと何十年も生きなくてはならないことに絶望しか感じない。

一方で、コロナ禍で良くなったことに言及する人もいた。

オンラインによる当事者会の開催が増え、外出が困難な人や遠方の人も参加できるなど、おおむね好意的に受け入れられている。開催形式についての質問では、リアルな会を希望している人は五五・九%、オンライン会を希望している人が五三・七%と同程度だった（複数回答）。一方オンライン会には、当事者によってはパソコンがない、インターネット環境がない、家族がいて一人になれる環境がないなどの課題もある。

また、私たちが人数を限定するなどコロナ対策を万全にした上で開催するリアルな居場所や当事者会では、ときにコロナ禍以前より参加者が増える傾向もあり、「やはりリアルで会いたい」「オンラインは苦手」という人が増えてきているのを感じている。「孤独でどうにかなりそうだった」という人もおり、オンライン会も続けつつ、早期のリアル開催を模索する必要があるのではないだろうか。

コロナ禍で良くなったこととしては、ひきこもっていることを「批判されない気がす

批判されない気がする	41.1%
マスクをしていても浮かない	33.2%
国からの経済支援	26.7%
ストレスとなる人付き合い減少	23.9%
外出ストレス減少	20.9%
オンラインでの集まり増加	20.4%
自宅で受けられる支援増加	10.8%
同居者との交流時間増加	6.5%
とくにない	26.4%

図表 1-12　コロナ禍によって「良くなった」と感じる変化
「コロナ禍におけるひきこもり・生きづらさについての調査 2020」複数回答。

る」がもっとも多く四一・一%、次いで「マスクをしていても浮かなくなった」が三三・二%だった（図表1-12）。この数字からは、多くの当事者が普段から人目を気にし、ひきこもっていることに自責の念を感じていることがうかがえる。また、マスクをすることは自身の見た目へのコンプレックスや対人不安の防衛手段として機能し、感染防止策とはちがった心理的安心感につながっていると思われる。

さらに、人とつながろうという圧力が弱まることにより、気持ちが楽になったという人や、逆に人とつながれない、外出できないことのつらさを少し理解してもらえたのではないかという声もあった。

†『ひきこもり白書2021』

調査に寄せられたこうした声をなんとか広く届けたい、とりわけ支援をする人や支援を構築する人、また研究者や専門家たちに知ってほしいと思い、二〇二一年、実態調査を元に白書を作成した。流通科学大学商学部専任講師の新雅史さんと立正大学社会福祉学部准教授の関水徹平さんに監修を依頼し、調査結果のさらなる詳細な分析と自由記述の整理、分析を行った。これは二〇二一年六月に『ひきこもり白書2021』としてまとまり、現在多くの自治体や支援団体の方にご覧いただいている。本書で紹介できたのは、そのほんの一部だ。ひきこもり支援において当事者・経験者の声を反映していくことはもっとも重要なことだ。寄せられた多くの声を、当事者主体の支援構築に活かしてほしいと願っている。

報告書、白書の入手方法については巻末付録2（二五〇頁）に記載している。

第二章

ひきこもり女子会

第一章でひきこもりがいかに多様か、その実態を見てきたが、「ひきこもり＝男性」というイメージを思っている人はまだまだ多い。しかしながら私自身が女性当事者であり、これまでにも多くのひきこもる女性たちと出会ってきている。なかには、主婦や子育て中の当事者もいる。いまだ見えていない、いないものとされがちな女性のひきこもりについても知ってほしい。

1　女性のひきこもり

†現代女性が受けるプレッシャー

かつて「家事手伝い」という言葉が生きていた時代は、女性が外で働かずに家にいてもさほど問題とされない空気があった。一方で、男性のほうは「働いて一人前」「家族を持って一人前」とされ、社会から受けるプレッシャーは強かったと思われる。しかし、現在では女性も〝活躍〟することを望まれ、社会人、妻、母として立派に役割を果たさなくてはいけないというプレッシャーはとても強い。そういった社会状況からすると、女性のひきこもりが男性と同じくらいいいても、まったく不思議ではない。

だが、「ひきこもりは若い男性の問題」というイメージを持つ人は依然として多いのではないだろうか。支援に携わる人でも、「女性のひきこもり」に関心を持つ人が増えてきたのはここ数年のことだ。

第一章で述べたとおり、二〇一六年に内閣府が発表した調査では、全国に一五〜三九歳のひきこもりが五四万一〇〇〇人いるとされ、男女比は男性六三・三％、女性三六・七％となっている。これまでに実施されてきた他の実態調査でも、ほぼ同じような結果である。しかしながら、これらの多くの調査は、「対象年齢が一五〜三九歳」「主婦、家事手伝いは除外」とされている。なまじ「主婦」「家事手伝い」が肩書きとして通用してしまうことから、実際にはひきこもり状態であっても見えてこない存在があったのだ。「ひきこもり＝若い男性」というイメージはこうした調査結果やマスコミ報道の影響によって作られ、浸透していったと考えられる。

ひきこもり支援の一つである「当事者会」や「居場所（フリースペース）」といわれる場所はこれまでにもあり、当事者・経験者や民間支援団体、行政が運営してきた。そういった場でも、参加者のほとんどが男性という状況が長年続いている。その理由として、女性当事者の場合、男性が苦手であったり、怖いと感じたりする人が少なくないことや、もともと女性の参加者が少ないので女性にとって居心地が良いとはいえず、そのうちに来なくなるという悪循環もあった。

女性自身も生きづらさを感じ外界との接触を避けていても、自分がひきこもりだと思っていない、気づいていない人もいる。「ひきこもり女性」や「ひきこもり女子会」を知って、初めて「自分はひきこもりだったんだとわかった」という女性たちに、何度も出会ってきた。

支援者の側でも、姿が見えないことから「女性のひきこもりは少ない、自分の地域にはいない」と考えてしまう傾向があったと思われる。

だが、私自身が女性当事者であり、UX会議には私以外にも女性当事者のメンバーがおり、実際には数字よりも多くの女性当事者がいて、行き場所がないのではないかという思いは以前から持っていた。

†女性のひきこもり・生きづらさについての実態調査

ひきこもりに悩む女性とは、どんな人たちなのか。

ひきこもりUX会議が主催するひきこもりや生きづらさを抱える女性自認の人を対象とした当事者会「ひきこもりUX女子会」には、開始から五年でのべ四五〇〇名の女性たちが参加している。

「ひきこもりUX女子会」を開催するうちに、参加者のなかに「男性が苦手・怖い」「女性だけだから来られた」という人が多いことがわかってきた。また、いじめやDV、虐待、性被害の経験がある人もいた。全国各地で、孤立し、たったひとりで孤独な戦いをしている女性たちがいる。でもその声を拾わなければいないことにされてしまい、支援にもつながることができない。彼女たちが何を思い、何に困り、何を必要としているのかを知る必要があると考えるようになった。

そこでUX会議では二〇一七年に「女性のひきこもり・生きづらさについての実態調査2017」を実施した。全国の三六九名のひきこもりや生きづらさを抱えた女性たちが回答に協力してくれ、彼女たちの生の声を集めることができた。

女性のひきこもり・生きづらさについての実態調査2017

調査期間：二〇一七年九月～一二月
調査対象：全国のひきこもり等の背景や状態に起因する生きづらさを抱える性自認女性
周知方法：①全国一〇カ所で実施した「ひきこもりUX女子会全国キャラバン」会場
②ひきこもりUX会議のブログやソーシャルメディアでの告知

受付方法：ひきこもり女子会会場、郵送、ウェブでの受け取り
回答総数：三六九名

調査結果をみると、回答者の四五・四％が四〇代以上であり、累計ひきこもり期間が七年以上の人が四七・〇％と、女性のひきこもりも高年齢化、長期化していることがわかった。また、既婚者が二五％と、いわゆる「主婦のひきこもり」が予想以上に多い。従来の若者向けの就労支援だけでは対応できないことが見えてきた。

ひきこもりの原因やきっかけをみると、「精神的な不調や病気」がもっとも多く七〇・五％。次いで「コミュニケーション不安」五八・八％、「人間関係（家族以外）」五〇・九％だった。また、「虐待」が八・九％、「性被害・性暴力」五・一％、「DV」は四・六％であり、女性ならではの原因もあると考えられる。

また、「男性に苦手意識がある」と答えた人は六四・三％だった。女性だけの居場所である「ひきこもり女子会」へのニーズが高いことにも納得がいく。参加者からは、「相談の窓口の人が男性だと行くことができない」「男性がいる居場所には参加できない」という声もあがっており、支援において女性が相談しやすい配慮が必要だということがわかる。

「対人関係に漠然とした恐怖感がある」人は八七・五％に上ったが、一方で「人と交流し

たいと思う」人も七六・六％いて、不安を抱えながらも人とのつながりを求めている。支援については「就労支援サービス」について「よい」と答えた人は一二・八％のみであり、もっとも高かったのは「自助会、当事者主催のイベント」で、「よい」との回答が五六・九％だった。現在、国や行政の動きとしても、就労支援から居場所作りに支援の方向性が変わりつつあるが、当事者のニーズに沿った支援の構築を望みたい。

この実態調査では多くの自由記述も寄せられた。ごく一部だが、彼女たちのこれまで誰にも言えなかったであろう心の声にぜひ耳を傾けてほしい。（『女性のひきこもり・生きづらさについての実態調査報告書２０１７』より一部抜粋）

・コミュニケーションの練習ではなく、ただおしゃべりする場、きっかけが欲しい。
・中学の時にクラスの男子生徒全員から、いじめを受けたので男性不信のところがあるので、ひきこもり女子会があると助かります。他のひきこもりの会は、男性の参加者が多いため、女性特有の悩み（生理など）が話せません。
・家族間に問題があり絶縁しているので、同じ悩みを共有できる人に会って話をしたい。

†特有の生きづらさ

　取材などを受ける際に、「男性と女性のひきこもりの違いは？」と聞かれることがある。実は私自身は、男性と女性でひきこもりについて違いがあるとはあまり感じていない。

　かつては男性ばかりが「働いて一人前」とされ、女性は「家事手伝い」や「専業主婦」という肩書きもあり、働いていなくても特に問題視されない時代もあった。しかし近年では「女性活躍」などと言われ、女性も正社員で働くことが当たり前とされたり、充実した毎日を送り、キラキラしてなければダメだと思わされるような空気もある。それを誰よりも内面に取り込み、「正社員になるか死ぬかしかない」と言うほどに、ひきこもり女性たちも追い詰められている。

　そのような「自立」や「就労（正社員で）」を強く求められている状況から来る苦しさは、「家事手伝い」が今よりリアルだった時代にくらべると、男性も女性もあまり差がないのではないかと感じている。

　あえて女性ならではの理由を考えてみると、ひとつには、女性当事者のなかには母親から（ときに父親の場合もある）の過保護、過干渉、支配に苦しみ、「良い娘」であることを続けてきたことが生きづらさの原因となっていることがあるように感じる。母親の理想に適うように自らを抑圧して育ってきた結果、自分らしさを見失い、どう生きていったら良いのかわからなくなる。そのことに気づいて親子関係を修復しようにも母親のほうにはその自覚がなく、逃げれば追われることもあり、一度絡めとられた呪縛から抜け出すことは容易ではない。

「良い娘」の先には「良い妻」「良い母」、そして今や「良い社会人（正社員）」であることも求められている。雑誌やテレビを見ていても、すべてをなんなくこなしているように見える女性たちはキラキラしていて、それができない自分は「ダメな人間であり」「価値がなく」「生きていていいと思えない」という、徹底した自己否定につながっていく。男性にも同じような状況や「男とはかくあるべし」というイメージに苦しめられることがあると思うが、女性も多くの「あるべき」役割を担わされており、そのことに苦しめられているように感じる。

†身体の不調や暴力の被害

また、女性の場合は加齢による心身の変化やホルモンのバランスなどからくる不調に悩まされる人も多い。リストカットや摂食障害、パニック障害などを抱える人も多く、自身の体調との付き合いだけで疲弊し、自立や就労を考えるところまでなかなか辿り着けないということもある。私自身一六歳で不登校をし、二〇代でひきこもったあと、体調を気にせず外出したり働けるようになったのは四〇代になってからであり、復調まで長い時間がかかった。

さらに、女性のひきこもりの人のなかには、ドメスティック・バイオレンス（DV）や性被害、セクシャルハラスメントやパワーハラスメントが原因となった人もおり、そのような被害にあった人は相談機関に行こうにも、男性の相談員や支援者には会うことすらできない場合もある。

今後は「ひきこもり女性に特化した支援・配慮した支援」が必須であり、また、同じように、性的マイノリティの当事者にも「特化・配慮した支援」が求められている。

†介護するひきこもり女性

近年、八〇五〇問題（「八〇」代の親がひきこもりの「五〇」代の子どもを経済的に支えている状態についての問題をいう）とも言われる当事者や家族の高年齢化のなか、介護をしながらひきこもっている女性も増えてきている。兄弟姉妹がいても「家にいるのだから」と介護を任されることもあり、外部との接触に困難を抱えることから、ヘルパーなどの介護支援を受けられず抱え込む人もいる。介護に手いっぱいでひきこもりの相談に行くことができず、このままではますます自分の未来がなくなっていくという恐怖と向き合いながら日々介護に追われているのだ。親亡き後、働いた経験がなかったり、長期間人と接することもなかった自分がどうやって生きていったら良いのかと、涙を見せながら途方に暮れる女性たちがいる。

介護をしつつひきこもっているのは女性だけではない。私の周りでも介護、看取りを経験する男性当事者が増えてきた。また、それまで働いていたが親の介護で離職し、それをきっかけにひきこもりになる人もいる。親の年金で暮らしつつ介護をしている人は、親を看取ったあとすぐに困窮する可能性も高い。

今後、介護とひきこもりの両方を抱える当事者は増えていくと思われる。介護をしていて役割があるのだから良いのではと安易に考えず、当事者の抱えている悩みや不安に気付き、寄り添っていく必要がある。介護者としてのサポートと、ひきこもり当事者としてのサポートの両方が必要とされており、実態の把握と支援が急務だと感じている。

†女性限定の当事者会

二〇一六年の春、UX会議の共同代表理事である恩田夏絵《おんだなつえ》との雑談のなかで、女性だけで集まる場にすれば当事者が来やすくなるのではないかという話になり、気軽な気持ちで会場を予約してみた。そのときには「ひきこもり女子会」が、現在のような規模で展開されるようになるとはまるで思っていなかった。

同年六月、東京・表参道の「東京ウィメンズプラザ」で開催された第一回目の「ひきこもりUX女子会」には二七名の参加があった。初回の様子が新聞に掲載されたこともあり、同年八月二回目の「女子会」には八二名が参加した。

この二回の女子会を通して、女性のひきこもりが存在すること、その数はけっして少なくはなく、彼女たちが安心して参加できる「場」を求めていることを強く感じた。また、遠方から新幹線や高速バスを使って参加する人もいて、回を重ねるごとに「うちの地方でもやってほしい」という声が多く寄せられるようになった。

そこで、二〇一七年からは公益財団法人日本財団の助成を受け「ひきこもりUX女子会全国キャラバン」を開始し、三年間で北海道から沖縄まで計二一都市で開催した。二〇一七年一二月に福岡市で初めて開催したときには、沖縄以外の九州全県から七五名の参加があり、ニーズの高さや女性たちの置かれている状況の深刻さに圧倒される思いだった。

その後、二〇二一年一〇月までに計一五〇回、のべ四五〇〇名以上のひきこもりや生きづらさを抱えた女性たちが参加している。参加者は一〇代〜六〇代までと幅広く(もっとも多いのは三〇〜四〇代)、そのなかの二〜三割は実態調査からは除外されてきた主婦の人

ひきこもりUX女子会全国キャラバン一覧
［2017年実施］

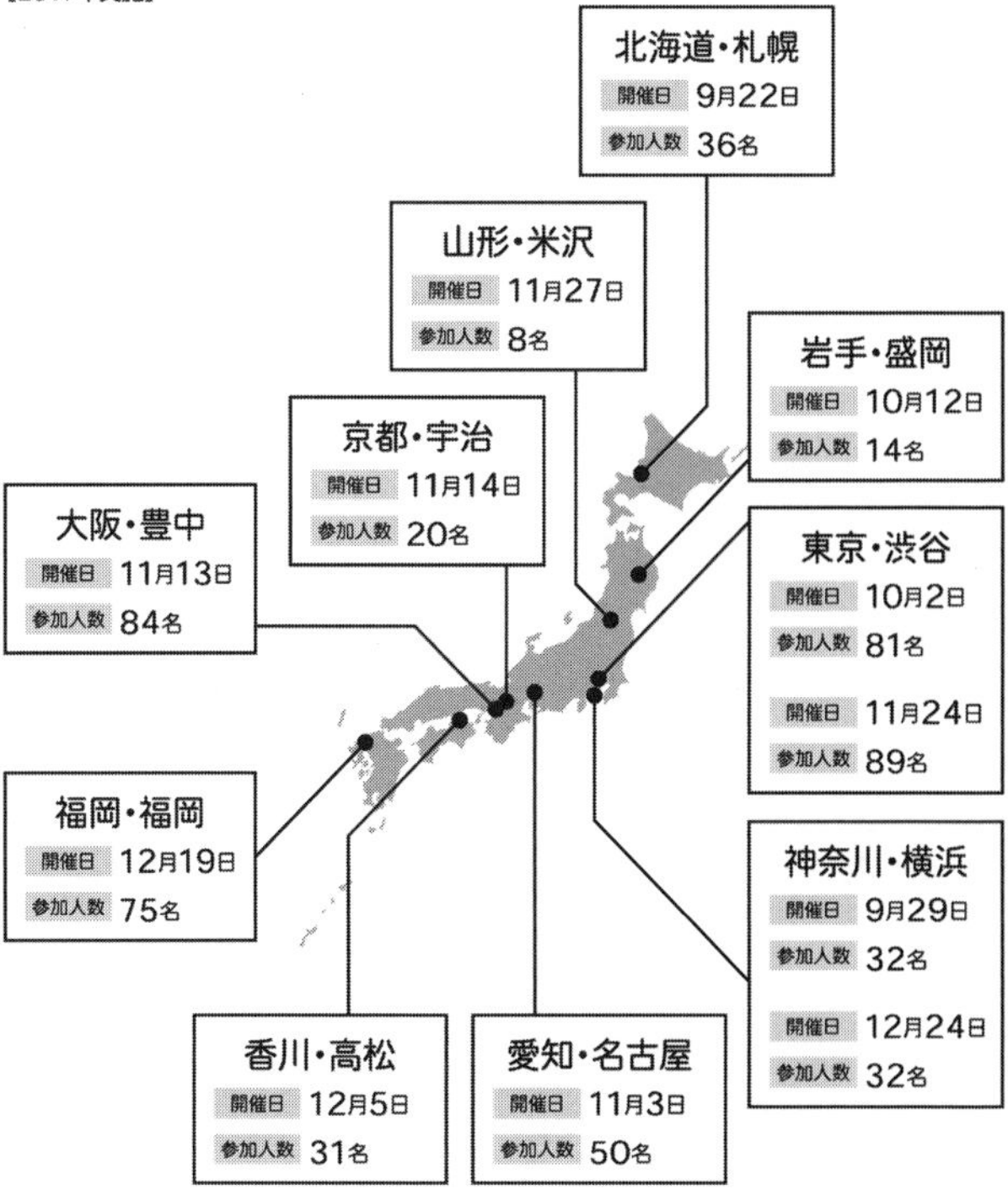

共催：フォーラム南太田（横浜）、豊中市、NPO法人ウィークタイ（豊中）、NPO法人こころのはな（宇治）
協力：NPO法人 訪問と居場所 漂流教室（札幌）、一般社団法人草の根ささえあいプロジェクト（名古屋）、NPO法人から・ころセンター（米沢）、NPO法人KHJ香川県オリーブの会（高松）、福岡「楠の会」（福岡）

10都市12回開催　総参加人数552名

たちだ。

2　ある日のひきこもり女子会

†「ひとりではない」と思える居場所

私も女子会に参加しようと思い、渋谷まで行ったのですが、途中で気持ちがざわついてしまって引き返してしまいました。（開催）レポートを拝見して、「あのとき引き返さず参加すればよかった」と後悔しています。現状から抜け出せず、苦しくて苦しくてたまりません。突然プツンと糸が切れたように頑張れなくなり、それから約4年、まだ社会復帰できずにいます。誰にも相談ができず、とてもつらいです。こちらのブログを知り、希望が持てました。自分だけではないということがとても励みになります。次回は参加して、本音で皆さんとお話がしたいです。

（二〇一七年一〇月一五日「ひきこもりUX会議オフィシャルブログ」コメントより）

多くの女性たちはギリギリの状態でひきこもりUX女子会にたどり着くが、その後他の居場所や相談窓口に行ったり、就労やボランティアなどにつながる人も少なくない。なかには自らひきこもり女子会を立ち上げたり、結婚、出産する人などもいて、その行動力にこちらが驚くこともしばしばだ。人は「ひとりではない」と思えることで力が湧き、強い自己否定や孤立感から抜け出せれば、特別な支援がなくとも自ら動き出すのだということを目の当たりにしている。

就労や自立は大事だが、そこに至るまでには支援者や家族が想像する以上の多くの高いハードルがある。まずは安心してそこに居ることができ、語り、同じような経験をした人の話を聞ける「居場所」が必要である。そこでわずかでも自己肯定感を回復し、自分なりに生きていってみようと思うことのほうが先だ。ひきこもりの支援に携わる人たちには、そのような当事者主体の居場所作りにぜひ力を貸してほしいと思う。

†「ひきこもりUX女子会」とは

ある日の表参道での女子会の様子を紹介しよう。このような会を開くときの参考にしていただけたらと思う。

一三時四〇分の開場時間、すでに会場である会議室の前で待っている女性たちに声をかける。

「ひきこもり女子会開始しまーす。どうぞお入りくださ〜い」（写真1）

緊張した面持ちの女性たちが静かに入ってくる。順番に「呼ばれたい名前」をノートに書いたら参加費三〇〇円を払い、チラシ類を受け取る。少し離れたテーブルで「呼ばれたい名前」を名札シールに書いて胸元に貼り、半円に広がった椅子のなかから好きな席に着く。

戸惑いつつ言われたとおりに動くものの、そこまでの作業で緊張と不安から顔色が真っ青になり、冷や汗をかく人がいる。母親や姉妹に付き添ってもらいながら、ゆっくりと名札を胸に着ける人もいる。一方で何度も参加している女性たちのなかには再会を喜び声を掛け合う姿も見える。

部屋の前方に向かって半円形に四〜五列、五〇脚ほどの椅子が並んでいるが（写真2）、いつものとおり一番前の席に座る人はいない。多くができるだけ端のうしろの席に座る。そして座ったまま微動だにせず、ハンカチを握りしめ、開始を待つ女性たちが次々に集まってきても、室内はとても静かだ。

一四時〇〇分ちょうどにＵＸ会議のメンバーが部屋の前方に出ていく。場の緊張感は半端ではない。一斉にこちらを向く真剣なまなざしを受け止めながら挨拶から始める。（写

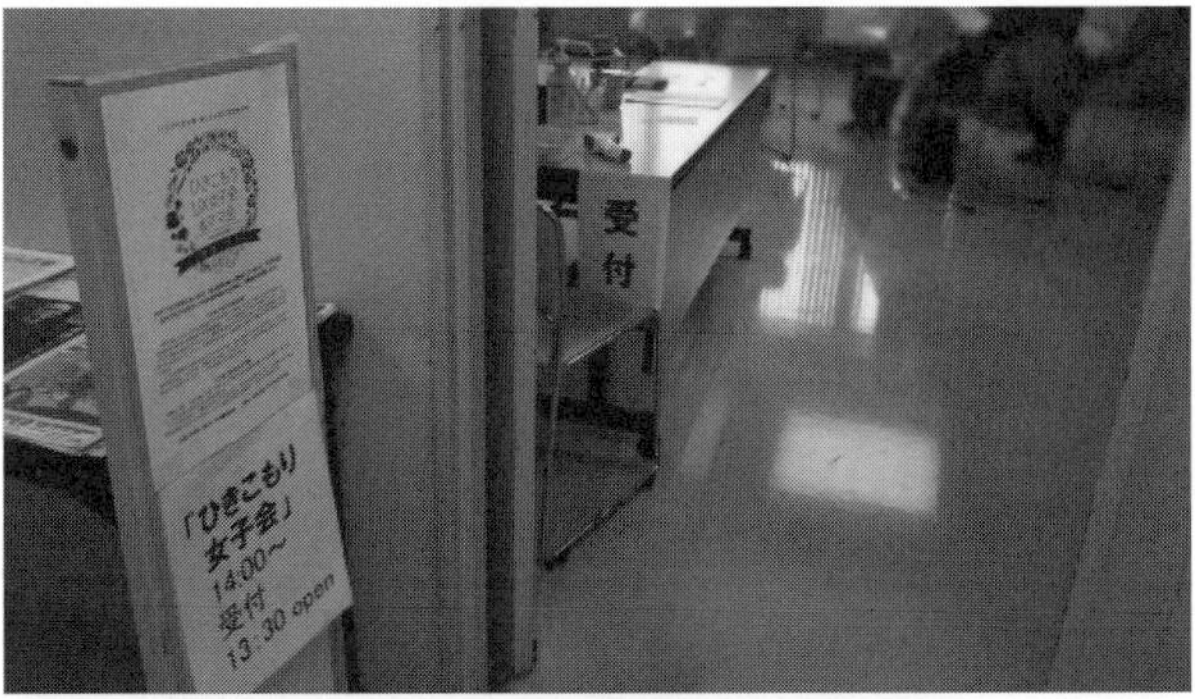

上／写真１
左／写真２

写真３

真３）

「みなさん、こんにちはー。ひきこもりＵＸ会議です。今日はよく来て下さいました。外はずいぶん暑いようですがみなさん大丈夫ですか？　水分取って、無理せず自由に休憩しながら参加してくださいね」

女子会は、第一部はＵＸ会議メンバーやひきこもり経験者による体験談、第二部はテーマトークという二部構成だ。

まずはメンバーからの挨拶とちょっとした雑談、休憩や途中参加、途中退出が自由であること、自動販売機と休憩所がどこにあるかなどをアナウンスしながら、その日の場の空気を感じ取る。緊張している人が多いようなら、和ますような声掛けをし、前のめりの雰囲気があれば早めに始めるなど、その場その場で判断しつつ進めている。

二〇分ほど話したあとに、第一部の体験談に入る。

はじめに体験談を行うのは、個人的な話をすることで、同じような経験をした者同士で集まっていることを知ってもらうため。また、体験談を聴くことで参加者も自己を開示しやすく、話しやすくするねらいもある。この第一部には女性自認であれば家族や支援者など誰でも参加が可能だ。

その後休憩をはさみ、一五時〇〇分頃からの第二部はひきこもりや生きづらさの当事者・経験者に限定したテーマトークで、「家族関係」「人間関係」「自立について」「メンタルヘルス」「主婦」などのテーマを設定し、自分の話したいテーマ札の置かれたテーブルで四〜五人ずつ交流をする（写真4、5）。

テーマトークは二〇〜三〇分ずつ二〜三回くり返す。途中で休憩を入れ、話したいテーマを代えられるようにしている。

女子会は全体で二時間半あるが、途中から来る人も途中で帰る人もいる。部屋の扉はいつも開けておき、入りやすく出やすいようにしている。

最後のテーマトークが終わったら、UX会議から告知や次回の女子会のアナウンスなどをして一六時三〇分に終了する。最近では、終わった後も話足りない人が多いので、三〇分ほどフリータイムを設け、部屋をそのまま解放している。

一五〇回以上ひきこもりUX女子会をやってきて、今でも毎回感動するのが参加した女

上／写真４
下／写真５

性たちの帰りの様子だ。来たときは緊張で倒れるのではないかと思うほどだった女性たちが、一様に笑顔で、声を出し、軽やかささえ纏い会場を出ていく。はじまりがウソのように場の空気も和やかに軽くなっているのだ。UX会議の女子会ではメディアの取材が入ることも多いが、記者の人たちもみな同じことを口にされる。最初と最後の女性たちの変化に驚くのだ。

それはやはり「ひとりではなかった」と感じられることが大きいと思う。私もそうだったが、ひきこもりの人の多くは「こんなバカなことをしている人は他にいない」「自分ほどダメな人間はいない」と思い、気持ちを理解されずに孤立している。女子会では、同じように思っている人や、似たような経験をした人と出会え、語り、共感を得られる。「ひとりではない」「わかってもらえた」という体験は非常に大きく、たった一度の経験でひきこもり状態から抜け出す人もいる。

もちろんなかにはうまくなじめず落ち込んだり、なんとか最後まで座っているだけで精いっぱいの女性たちもいる。残念ながら女子会が合わずガッカリして帰る人もいるだろう。それでも、何かキッカケをつかみたいと一歩を踏み出したこと、勇気を出して会場まで足を運んでくれたことにいつも敬意と感謝を感じている。一度でダメだと思わずに、もし気が向いたら、もう一度足を運んでみて欲しいと思っている。

†運営で工夫していること

女子会に限らず、当事者向けのイベントを開催する際には、できる限り参加のハードルを下げるためにさまざまな工夫をしている。

①ひきこもり・生きづらさの当事者・経験者限定

同じような経験をした者同士で集まることで、共感や理解を得たり、安心して思いを共有できる。

②予約制にしないこと

当事者にとり予約をするということはとても高いハードルだ。電話はもちろんメールであっても、予約をした瞬間から当日まで本当に行けるだろうか、行っても大丈夫だろうかなど、さまざまな不安を抱えることになるので、当日気が向いたら来られるように、またキャンセル連絡をする必要がないように基本的に予約は不要にしている。

ただ、現在はコロナ禍で人数制限などがあり、どうしても予約制にせざるを得ないこともあり、大きな悩みとなっている。

③開催時間は平日の午後

できるだけ人通りの少ない平日にし、昼夜逆転で朝が苦手な人も多いことから午後の時間帯に設定することが多い。

④遅刻、早退、休憩自由

いつでも気軽に参加できるよう、遅れてきても、途中で帰っても、休憩も自由としている。また、女子会に限らずUX会議のイベントではすべて「非交流スペース」という空間もしくは部屋を用意し、疲れたとき、少し気分がすぐれないときなどに利用できるようにしている。（写真6）

他にも、会場は駅からなるべく近くわかりやすい場所にし、清潔感のあるきれいな施設を選ぶ、息詰まる空間にならないようできるだけ窓の多い部屋を取る、安心・安全のためのルールを設定する、などの工夫もしている。（写真7）

ひきこもり女子会の詳しい開催方法については、UX会議が発行している『シリーズわたしたちの生存戦略　ひきこもり女子会』に「ひきこもり女子会をつくるための11のポ

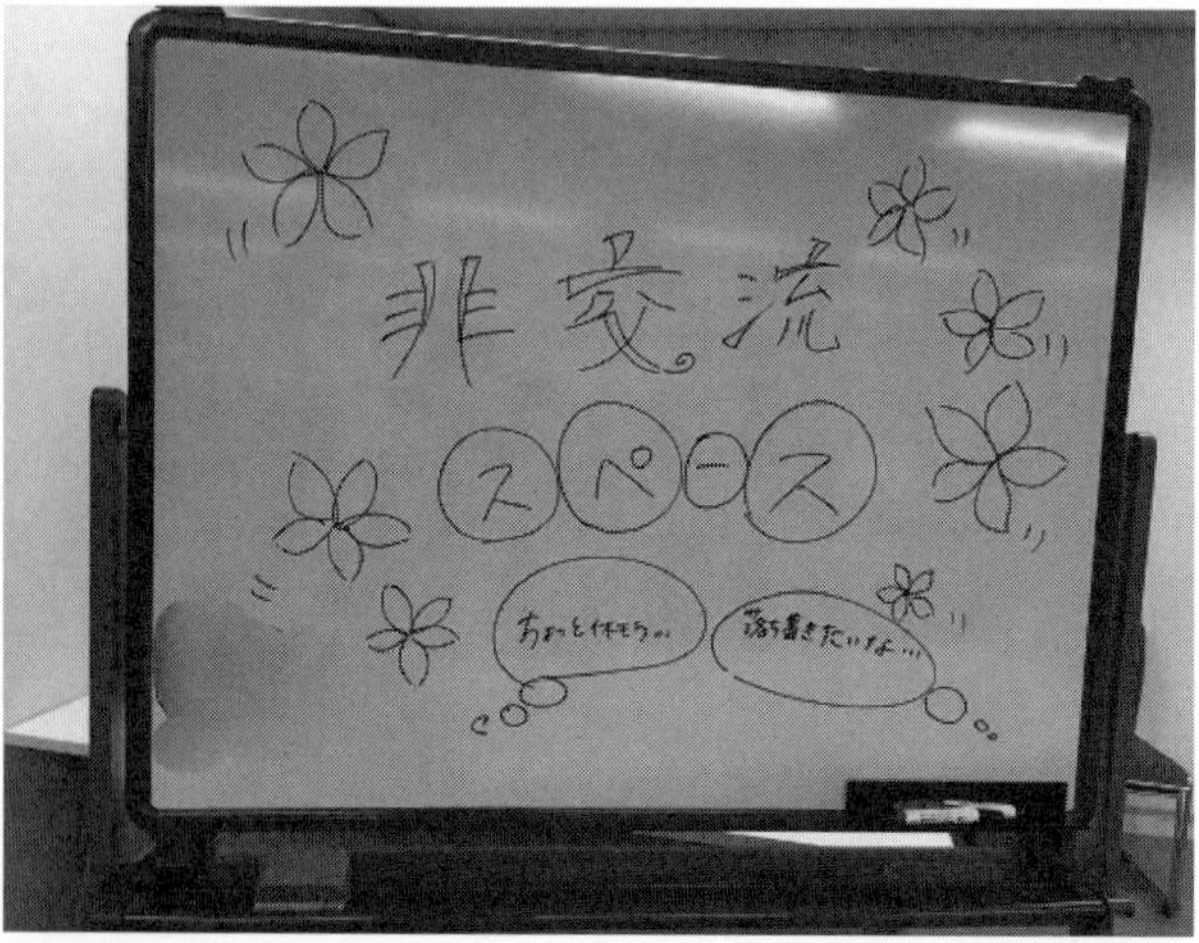

非交流
スペース
ちょっと休もう…
落ち書きたいな…

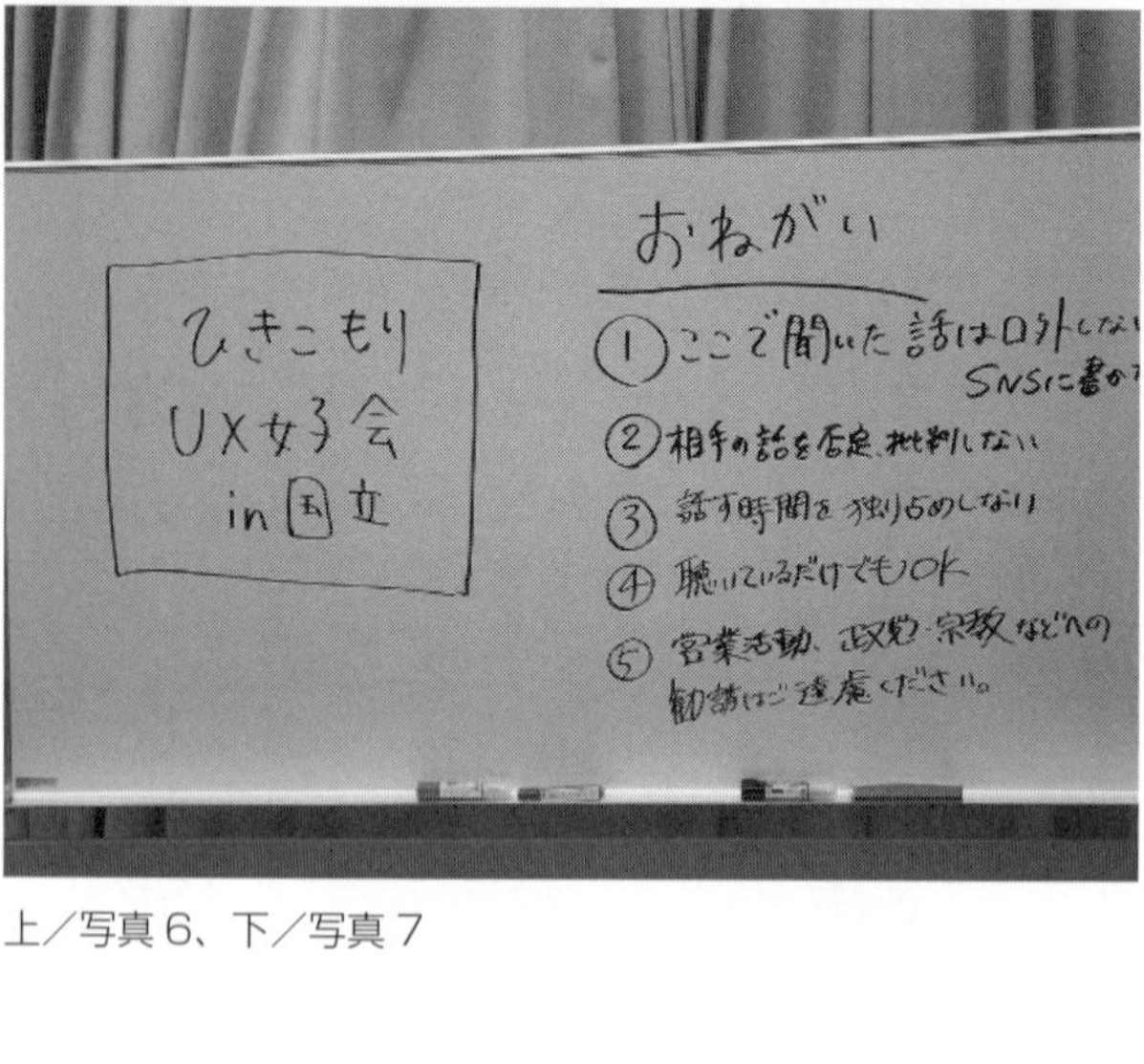

ひきこもり
UX女子会
in 国立
おねがい
① ここで聞いた話は口外しな
SNSに書か
② 相手の話を否定、批判しない
③ 話す時間を独り占めしない
④ 聴いているだけでもOK
⑤ 営業活動、政党・宗教などへの
勧誘はご遠慮ください。

上／写真6、下／写真7

イント」として掲載しているのでご覧いただければと思う。

†ひきこもりUX女子会に参加して

ひきこもりUX女子会では参加者にアンケートの記載をお願いしている。参加者の声をいくつかご紹介したい。

・外に出る大きなきっかけを貰いました。人と会うため、自分自身の手入れをしっかりしようと思えました。女性だけの集まりはとても珍しく、本当にありがたいです。
・しんどいのは自分だけではないと、リアルに感じられた事。
・ずっと一人で悩んでいたけれど、参加をすることで仲間と出会い、自分は一人じゃないんだと思った。気持ちが前向きになった。

ときどきSNSなどで、「女子会に行けるならひきこもりじゃないじゃないか」と書かれることがあるが、それは大きな誤解だ。多くの参加者はなんども逡巡を繰り返し、会場までたどり着きながら部屋に入れなかったり、一部だけ参加して途中で帰ることもある。何度もチャレンジしたが、会場に辿り着くまでに数カ月を要する人もいれば、必死の思い

でたどり着くも、震えがとまらず、一言も話せずに座っているのがやっとの人もいる。そしてようやく参加した後はぐったりと疲れ数日間寝込むのだ。

なんとかしたい、これを逃したら他にないと思い、まさに藁をもつかむ思いで参加する人の多さを見ていると、外出ができるから、人の居るところに行けるからひきこもりではない、などまったく当てはまらないと思う。同時に、「ひきこもり」「生きづらさ」を抱える女性たちが安心して集える場がまだどこにもなく、それはいま強く求められていると感じている。

3　全国で女子会を

†自治体・民間団体との連携

「ひきこもり女子会」の活動で特筆すべきは、自治体や民間団体など他機関と積極的に連携してきたことである。女子会を始めてすぐに、練馬区、西東京市、清瀬市、仙台市、広島市、豊中市などの自治体や、「一般社団法人くらしサポート・ウィズ」、京都府宇治市の「NPO法人こころのはな」などの民間団体との共催・連携もはじまった。他機関と連携することで、当事者女性たちの地元での開催が可能になり、参加のハードルがひとつ下がる。また、女子会の場で地域の支援情報を伝えることで、その先の支援につながりやすくなる。

費用面でのメリットも大きい。UX会議主催で女子会を開催する際は、会場となる、主に公共施設を借りることになるが、無料で借りられるところはほとんどない。そのため参加者から「参加費」を取らざるを得ず、通常三〇〇円を設定している。だが参加者からは「高い」という声があがる。「女子会」の参加者は九割以上が無職で収入がない。その彼女たちが会場まで交通費をかけ、さらに三〇〇円を支払うというのは大きな負担になるのだ。また、私たちメンバーもボランティアで運営する他なく、継続していくには負担となってくる。自治体と連携すれば開催に要する費用を最小限に抑えることができ、参加費を無料にすることができる。

連携の支援者側のメリットとしては、当事者に出会えることが挙げられる。女子会で全国を廻っていてよく当事者から聞くのは、「うちのところには何もない。相談窓口も当事者会も、ましてや女子会なんてない」という声だ。ところが女子会に見学、参加した自治体や支援団体の人からは、「窓口はあるんです、居場所もあります。でも誰も来ないんです」という声が上がる。情報が届いていない、また当事者にとって参加になにかしらのハードルがあるなどが考えられるが、いずれにしろ互いに出会えていないのが現状だ。

UX会議のような当事者団体は、当事者にリーチすることが比較的得意だ。一方で資金面や人的資源に欠ける。行政などの支援者側は当事者へのリーチが苦手だが資源はあるので、双方が協力することで、互いに苦手な部分を補完し合うことができる。

†広域連携女子会

「ひきこもり女子会」でもう一つ力を入れてきたことがある。それが広域連携である。広域連携とは近隣の自治体が連携し、持ち回りでひきこもり女子会を開催する仕組みだ。ひきこもり当事者や家族が支援につながるにはさまざまなハードルがあるが、その一つに「地元の窓口には相談できない」「地元の居場所には参加できない」というものがある。誰かにひきこもりであることを知られてしまうからだ。「ひきこもり」という言葉についた、甘えている、怠けているという誤解や偏見からくるイメージに何より当事者は苦しめられている。家族もまた働いていない子がいることを「恥」と感じたり、「育て方が悪いからだ」と責められることから、相談に行ったり家族会に参加したりすることに抵抗を感じる人は少なくない。特に地方都市ではそれは顕著になる。

地元では参加できないというハードルを越える取り組みのひとつとして、二〇一九年八

2019年度 子ども・若者地域ネットワーク強化推進事業
「ひきこもりUX女子会 in OSAKA 6都市」

主催	豊中市 市民協働部 くらし支援課	枚方市	吹田市 教育委員会	大阪市 平野区	能勢町 教育委員会	茨木市
参加人数	59名	38名	29名	35名	11名	49名

参加者合計:221名

月から大阪府と連携し、府内六市町共催で「ひきこもりUX女子会 in OSAKA 6都市」を開催している。二〇一九年度は大阪市、枚方市、吹田市、豊中市、能勢町、茨木市で、二〇二〇年度は大阪府、枚方市、吹田市、豊中市、堺市、松原市という府内の六自治体が連携することで、豊中市の人は吹田市に、枚方市の人は大阪市の女子会に参加するということが可能になったのだ。

また毎月開催することで、当事者女性たちは体調に合わせ、今月行けなくても来月がある、と思うことができる。六都市で広報できることから情報も広く、長く届けることができ、結果、六都市合わせて二〇一九年度は二二一名、二〇二〇年度はコロナ禍で人数制限があったものの、一二七名の参加があった。

アンケートには、「地元で開催よりも近隣の方が行きやすいです。たくさん開催してほしいです」「昨年は、吹田・枚方・宇治の女子会に参加しました。遠出する（電車に乗る）機会にもなりました」などの声があった。

また、二〇二〇年度からは東京都清瀬市と国立市で「多摩・島しょ地域広域連携事業　ひきこもりUX女子会&ママ会in清瀬・国立」も開催している（二〇二一年度からは調布市社協も参加）。

この事業では女子会だけでなく、子育て中、もしくは子育て経験のあるひきこもりや生きづらさを抱える女性を対象にした「ひきこもりUXママ会」も開催している。子育て中は誰でもさまざまな不安に陥ることがあると思うが、夫以外の人と交流がない、ママ友たちの中には入れないなど、より孤立し孤独感を抱えている子育て中の当事者女性向けの女子会だ。そのような場はまだまったくといってよいほどないが、他県から来る参加者もいることから、ニーズがあると感じている。

広域連携による開催が広がっていくことは、「女子会」に限らずひきこもりの支援を考える上で重要だと感じている。

†自分たちで女子会を

こうして活動を続けていくうちに、「女子会」に参加した人たちが自分で会を立ち上げるという動きも生まれた。「自分たちの地域にも女子会が欲しい」と思った人たちが、各地で「ひきこもり女子会」を立ち上げ、現在把握しているだけで北海道から九州まで十数カ所に広がっている。当事者だけで立ち上げ運営しているところや、支援団体と当事者が一緒に運営しているところ、自治体がバックアップしているところなど、運営形態はさまざまだ。

UX会議でも「ひきこもり女子会の作り方講座」などを開催しているが、女性たちが活動をしていく上でのハードルとなる会場探しや、団体登録や在住・在勤でないと部屋が借りられないなど困ったときに相談できる相手として、自治体や支援団体の方には積極的に彼女たちのサポートをしてほしいと思う。

†オンライン女子会

二〇二〇年には新型コロナウィルスの感染拡大に伴い、オンラインでの開催にチャレンジする女子会も出てきた。オンラインなら外出がままならず人と顔を合わせるのが難しい人でも参加のハードルが低い。また、どこに住んでいても参加が可能だ。自宅にパソコンがなかったり、安定した回線を持たない人もいるので完璧ではないが、新型コロナウィルスの感染が収束したあとも、オンライン女子会、また当事者会は続いていくのではないだろうか。

一方で外出自粛が続くなか、「やはりリアルで人と会いたい」という人も増えてきているのを感じる。私自身、オンラインでは雑談がしづらく、また言葉以外の情報が得にくいせいか場の空気を感じ取ることができずとても疲れる。今後、リアルとオンラインの双方の居場所や支援が広がり、選べるようになると良いと思う。

†今後の課題

ひきこもりや生きづらさを抱える女性への支援については、まずは地域ごとにその実態の把握が必要だ。自治体規模で、主婦や家事手伝いを含め、年代も問わずに実態調査を行い、女性のひきこもりを可視化すること。複数の困難を同時に抱えている人も多いことから、ニーズを的確に把握した上で支援を構築していく必要がある。

また、不登校やいじめなど児童青少年期の困難や家族間（親、配偶者、子どもなど）の問題、思春期や更年期の身体の不調やメンタルヘルス、DV、セクハラ、パワハラ、経済的困窮、就労など、すべての年代、またひとりの人にとっても年代ごとの悩みがあることから、特定の部署だけでなく横断的に支援を行う必要がある。さらに、前述したとおり、女性に特化もしくは配慮した窓口対応も必要だ。

自分たちでひきこもり女子会を立ち上げたいと奮闘する女性たちも増えていることから、そういった女性たちへの物心両面でのサポートも欲しい。また、地域で協力してくれる団体や人、企業などの開拓も、行政や支援団体にお願いしたい。

コラム　女子会参加者・桐谷沙耶さん（仮名）インタビュー

二〇一九年九月、翌日名古屋市内で開催する「ひきこもりUX女子会」の準備をしていたとき、LINEが着信を報せた。

「恭子さん、私……結婚しました」

東海地方在住のひきこもり経験者の女性、桐谷沙耶さん（四一歳・仮名）からだった。

驚いた私はすぐに祝意を伝え、明日会ったら話を聞かせてと返信した。

桐谷さんと初めて会ったのは二〇一六年一〇月、京都府宇治市のNPO法人「こころのはな」で開催したひきこもり女子会でのことだった。初参加の彼女は会の終了後もひとり残り、一〇代からひきこもりがちになったこと、親は理解があるが心の内をわかってもらうことは難しいこと、この先どうしていったらいいのかわからないことなど、抱えてきたつらさや不安を涙を流しながら話してくれた。なんとかしたいと思いわざわざ遠方から来ていることや、初対面の私に思いを伝えてくれていることなどから、彼女の強さやエネルギーは感じたものの、適切なアドバイスもできず、ただうなずきながら聴くしかなかった。

一時間ほど話した後、一人で帰れるかしらと心配したが、「こころのはな」のスタッフの方が駅まで一緒に行ってくれるとのことで、その日は帰っていった。

数カ月後、再び「こころのはな」での女子会に参加した彼女が驚くことを言った。

「……仕事に就きました」

聞くと、前回の女子会のあと、彼女が好きで得意とする裁縫の地元サークルに参加したところ、すんなりと受け入れてもらえたとのこと。さらに、たまたま見つけた服飾関係の仕事に就いたという。しかも面接でひきこもっていたことも伝えた上で採用されたのだという。机を囲み話をしていた参加者や私も含め、あまりに早い展開に全員が「えーっ！」と声を上げ驚いた。

彼女は前回の女子会で、同じような苦しみを抱える女性が再就職に向けて努力していることに勇気づけられたこと、気持ちが少し明るくなり頑張ってみようと思えたと話してくれた。私はその行動力やけなげさに胸を打たれたが、仕事を始めればいろいろな困難もあるだろうと思い、とにかく無理をしないこと、疲れたら休み、辞めてもまったくかまわないのだからと伝えたが、彼女はその後長くその仕事を続けた。また二〇一八年にNHKのニュース番組がひきこもりUX女子会を取り上げた際には、職場にまでカメラを入れ取材に応じてくれた。

そして二〇一九年、人生の伴侶を見つけた彼女は、現在は主婦として家族を支えながら、名古屋での女子会にも引き続き参加してくれている。

そんな桐谷さんが、「ひきこもり女子」だった自身の半生について、インタビューに答えてくれた。

＊＊＊

——現在の年齢を教えてください。

一九八〇年生まれの四一歳です。

——初めて女子会に参加したのはいつですか？

二〇一六年一〇月三日の宇治こころのはなさんとの女子会です。間違いありません！

——ひきこもりのような状態になったのはいつですか？　またその原因はなんだったのでしょうか。

私は小学生のときに手芸が大好きになってから、ずっとチクチク縫って何かを作っているような子どもでした。一番熱中していたのは人形のお洋服作りで、そこから自分の洋服も縫ってみたくなり、いつしか被服科のある高校を目指し、無事に入学。そこでは、和裁洋裁たくさんのことを学び、今でもこの学校に進んだのは本当に良かったと思っています。

夢はファッションデザイナーで、高校一年生のときから卒業したら次は東京のファッション専門学校へ行こうと思っていました。両親は実家から通える学校にしたらと、東京行きに反対だったのですが、夢いっぱい希望いっぱいな私は聞く耳持たずで、やはり東京の希望の専門学校へ進んだのでした。入学すると少しずつ理想と現実のギャップに気付きはじめます……。一年生のうちは基本的なことを勉強するので、高校で習った知識でついていける感じなのですが、初めての一人暮らしで、生活面で慣れるのに時間がかかったような気がします。

二年生になり、より専門的なことを学んでいくなかで、なかなか周りの人と馴染めなくてついていけなくなり、一年休学しました。そして一年後、復学して頑張っていたのですが、いろいろ悩むことも多くて……。何に悩んでいたのか、思い出せる範囲では、先生がスピード重視で、作業ペースが速くない私は、簡単なデザインで早く仕上げた生徒が一番得点が良くなることに疑問を持ったりしていました。あとは、生徒の人数に対して使える道具（アイロンとか）が少ないので、順番待ちになったりするなかで仕上げなくてはならない……など。

その先生にも馴染めなくて、結局退学しました。普段から恐い先生だったのですが、最後の日にはかなりの暴言とかを浴びせられまして。今思えば、パワハラに該当する方でした。それで、もともと私は強い人間ではなかったので、ショックを受けて三、四日は泣き続けていました。先生に対して思うことはありますが、それだけではなく、自分の夢を諦めてしまったことで、突然、進みたい道もなくなって抜け殻になったような感じでした。大きな原因は挫折だと思います。そこからはずっと自分自身を責め続ける日々でした。

両親の反対を押し切って上京したのに退学してしまって、すぐに実家に戻る気にもなれなくて、そこから少しずつひきこもるようになっていったと思います。生活するのに必要なものは買いに出掛けてはいましたが、アルバイトもほとんどしていなかったです。学校以外で知り合った友達はいたのでときどき会っていたのですが、自分の状態のことは言えず、隠して会っている感じでした。

二〇〇三年、二三歳の誕生日前に実家に戻りました。これで切り替えられるかと思い、最初は自動車教習所に通って免許を取ったりしていたのですが、地元の友達に会うと、みんなが順調に社会へ出ていっている状況に劣等感を持ち、再び家にこもりはじめました。二〇一六年一一月に洋服のお直しの仕事に就いたので、ひきこもり期間は一三年ぐらいでした。

二〇〇七年頃から手作りの小物をネットで販売していましたが、それも自分の調子の波があったのでやったりやらなかったりで。なにか必要なものがあれば、なんとか買い物に出掛けたりできたのですが……。一番ひどいときは二カ月ぐらいは家から出ていませんでした。

——宇治の女子会に行こうと思ったのはどうしてですか？　また、参加後はどのような気持ちだったのでしょうか。

ひきこもっているときもずっと「このままではいけない。自立しなくては……」と思っていました。それでも、なかなか自分では踏み出せなかったです。同じ毎日を繰り返すばかり。私が三〇歳を過ぎた頃に父がパーキンソン病を患ったので、そこから、より「どうにかしなくては」という思いは強くなっていきました。開き直って、ネット販売のほうをもっと頑張ってみたり……でも一人で生活できるほど稼ぐことはできなかったので、そこで悩んだり。

二〇一六年の初めの頃、勇気を出して月一回のカフェでの手芸教室に通いはじめ、そこで出会った人達との会話で気持ち的に（？）少し前進して、次にどうしようかと考えていたところ、Yahoo!ニュースで女子会のことを知り、ピーン！　ときたのです。引きこもり女子……正しく私のことではないか！　なにかキッカケがつかめるかもしれない、行くしかない！　と思いました。これしかない！　と。

まったく知らない京都の地で不安はあったのですが、不安よりも行かなくては！　という思いのほうが強くて、勢いだけで行きました。当日、あの場所に着いてから不安と緊張で手が震えていました（笑）。

ひきこもりの自分のことは、恥ずかしくて誰にも相談できずに一人ぼっちな感じで生きていたのですが、他にも私と同じような思いをしている方々がいるとわかって、目から鱗のような感じでした。

恭子さんの生い立ちや参加した皆さんの話のなかに、気持ちがわかり過ぎるところがあって、私は少し涙ぐみながら聞いていたと思います。

同じような仲間がいることに安心感なのか、少しホッとしたところもありました。一人じゃないんだって。終わった後、ここまで来たのだからと残って、そこで恭子さんにドバーっと話を聞いていただいて……（笑）。

大泣きしましたが、初めて自分のことを話せたので、本当に気持ちがラクになった部分はありました。

――女子会への参加後、なにか変化はありましたか？

女子会に参加していた方の、「もともとひきこもりで、昼夜逆転の生活から毎朝早く起きて、用もないのに近所のショッピングモールなどに通って、サラリーマンのような生活ができるようにリハビリを始めて、今では毎日働いています」といった話に私はとても感動して。私は同じことができるだろうかと自問自答していました。そこで勇気をもらって、帰りの電車の中では少し気持ちが明るくなって、なにかまた一歩進めたと感じていました。

その日からしばらくはポジティブな状態で、一週間経つか経たないかのところで、新聞の折込チラシの中にあった洋服のお直しの求人広告を見つけて、これなら私でもできることとあるかも……と応募して、そこで働くことになったのでした。ここまで、勢いしかありません。二〇一六年一一月一六日から働きはじめました。

――いつ頃ご結婚されたのでしょうか？

二〇一九年三月です。

本当は結婚してもお直しの仕事を続けようと思っていました。

フルタイムで働いていたのを少し時間を減らして続けたかったのですが、人材不足でなかなか減らせず、逆に時間が増えていったりして（笑）。

両親の体調も悪かったりして、いろいろ重なってしまったので、辞めることにしました。また落ち着いたら働こうと思っているのですが、前と同じようにちゃんとできるかと、不安なところもまだありますね。

第三章

画一的な支援の課題

実態調査においてもっとも多くの声が寄せられたのが支援の課題についてだった。現在の支援の何が問題なのか。当事者が必要としている支援とはどのようなものなのか。本章では、第一章で紹介した実態調査の結果から、ひきこもり支援の課題について考えていきたい。

1　調査から浮き彫りになった支援の課題

†支援に傷つけられる人たち

ひきこもりUX会議が二〇一九年に実施した実態調査「ひきこもり・生きづらさについての実態調査2019」では、就労支援サービスや行政機関からの支援を受けている人のうち、そのサービスに「課題を感じる人」が約九割に上った（図表3-1）。

自由記述には、「ハローワークでは、経歴を見て叱責のようなことを言われ、職業訓練のコーナーでは「あなたねぇ」と説教を受け、断っても続ける人がいて、傷ついた」「どこに相談しようとしてもたらい回しにされた。結局相談すらできなくて、何の支援も受けられなかった」などの声が寄せられた。

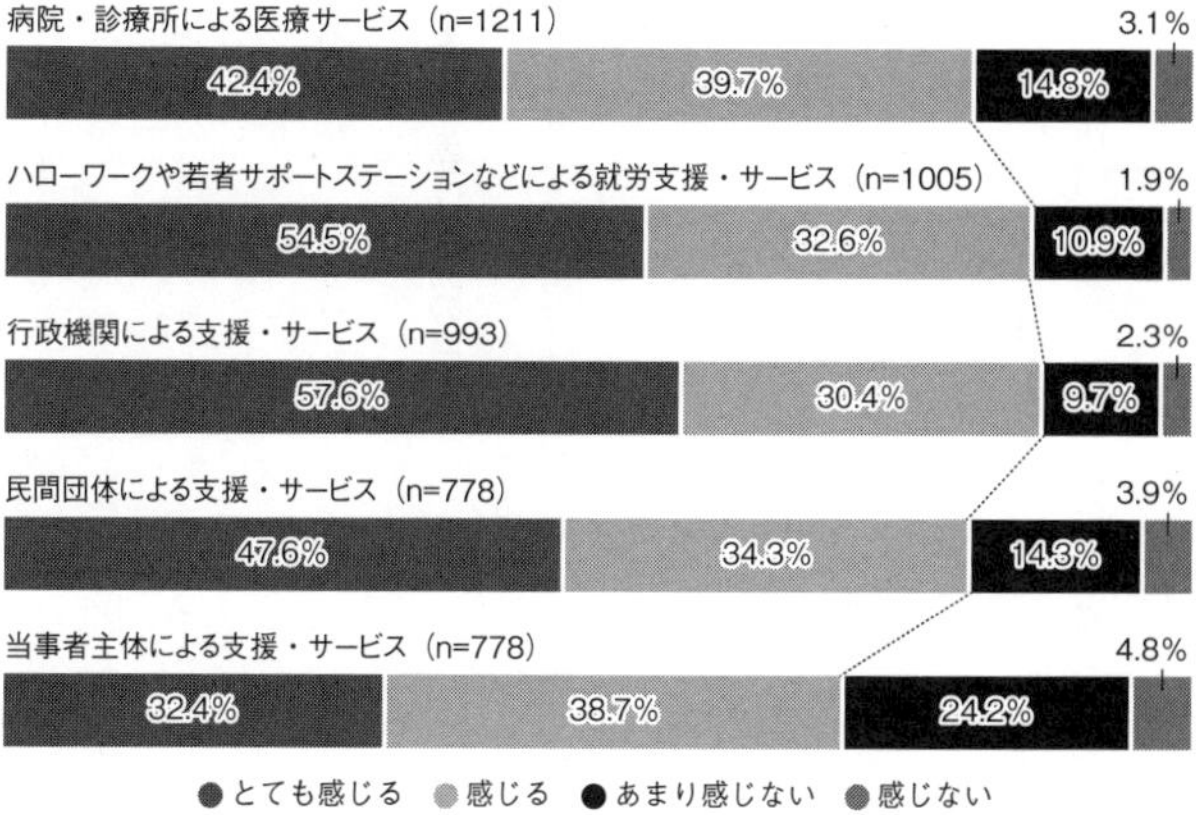

図表 3-1　支援・サービスにどの程度課題を感じているか
「ひきこもり・生きづらさについての実態調査 2019」問 17／単一回答。

多くのひきこもり当事者は孤立し、自立できない自分を責め、生きている価値がないと思い詰めている。そのような人にとって就労や自立をゴールとする既存の支援はハードルが高く、勇気を振り絞って相談窓口に行っても「話を聴いてもらえなかった」「わかってもらえなかった」「説教された」「説得された」など、その勇気をくじかれる経験をする人の声を多く聞く。

支援の利用経験を見ると、「病院・診療所による医療サービス」を利用したことがある人は七二・七%。「ハローワークや若者サポートステーションなどによる就労支援・サービス」を利用したことがある人は六〇・三%、「行政機関による支援・サービス」では受けたことがある人は五九・六%だった。

この結果からは、当事者は動こうとしていないわけではなく、自ら支援に繋がろうとしていることがわかる。にも関わらず、支援先で適切な対応がなされていないということに問題があるのではないだろうか。自由記述では、支援者に知識や理解、配慮がないことから相談して傷つけられたという声が非常に多かった。やっとの思いでたどり着いた窓口で失望し、再びひきこもったり、次に窓口につながるまでに長い時間を要することもある。

支援を受ける側の声

以下は、調査結果から「支援・サービスの課題」に関する自由記述を抜粋したものである。

〈就労がゴール、ゴールありき〉

・とにかく就職がゴールでその後の定着支援があまり考えられていないように感じる。

・サポステ（注：地域若者サポートステーション）のサービスは就職ありき、社会復帰ありきなので、「ひきこもりを脱したい。でも就職を考える段階ではない」という人は利用しづらい。社会復帰ありきではなく、ひきこもりの本人にまず居場所と自己肯定感を与えられるような支援はないものか。

〈よりそい不足〉

・ハローワークで履歴書を見せたところ、態度変わり高圧的になった。家から近場で働きたいと思うと話すと、家の近くに働く場所無いでしょ！　と、私の話は聞かず、自分だけが話し続けて、怒られ続けて終わった。

・外出できるなら問題は無いと思われ、支援の対象外にされる。継続して支援が必要なのに「また困ったことがあれば」の一言で、一回限りで終わってしまう。

〈理解不足〉

・生きづらさについて支援者の理解や共感が得られない時。

・サポステに通っていた際、担当の支援員が引きこもり等に理解がない人だったため、相談事に関してドン引かれたり驚かれることが多くストレスになった。支援員はひきこもり経験者やある程度理解のある人がやって欲しい。

・セクシュアリティの問題に知識のあまりない人もいるのかと不安になりセクシュアリティが絡んだ相談がしづらい。

〈たらいまわし〉

・何らかの機関へ相談してもその内容をオウム返しにされた上で他の機関への相談を勧められるといったタライ回しの状況に陥りやすく、落胆が強いため相談することさえ諦めたくなる。

・質問しても、別の窓口を紹介されるだけで、その紹介先の窓口に相談するとまた別の窓口を…それの繰り返しで、最初の取っ掛かりであるはずの相談にすらたどり着けない。

〈経済的困難〉

・どのサービスにも言えることだが支援を受けられる場に参加するのに交通機関を使えば、無職の間は増える予定のない金がそれだけで減る速度が加速するのでとりあえず交通費が欲しい。（後略）

・田舎なので、相談に行くにも交通費がかさむ。

・経済的な支援が得られず、継続的で安定した支援に繋がらないこと。

〈居場所〉

・ありのままの自分で居られ、どの様に過ごしても自由な雰囲気のある、そういった民間の居場所活動はとても良い。ただ、中間就労など、ひきこもりの人が無理なく働ける場に繋がる場所や活動が少ない。
・ひきこもりの自助会には、とても助けられました。助けられています。ただ、自助会の数が少ないです。ほとんど、ありません。

〈選択肢がない〉
・その支援にアクセスするために、まず生きてること、話せること、動けること、考えられること、手続きできること、交通手段、お金、等々の条件が揃わない。田舎では人目が気になって利用できない。
・ひきこもりの人でもできるような、短時間または短期の求人の情報を教えてほしい。
・女性向けや40歳過ぎの相談先が限られてしまいます。また病院と就職支援の中間の場が大切に感じます。

†どんな支援が良い支援か

なかには、良い支援についての自由記述もあった。

〈良かった支援〉
・民間支援団体は、不登校支援の家族会から始まっており、利用料金等もなく、自分の出来る範囲からサポートをしてくれた。
・母が亡くなった直後、ひきこもりの支援団体に電話をした。ひきこもりを初めて告白する相手になったこと、「必ず助けてくれる人はいる」と力強く励ましてもらえたこと、わかっていてもこれからすることを示してくれたことはとても励みになったし、感謝している。

生きづらい状況の軽減や改善には何が必要かという設問を見ると、「安心できる居場所が見つかったとき」(五〇・三%)、「自己肯定感を獲得したとき」(四五・八%)が高く、「就職したとき」は一八・三%であった。就労を目指す前に、まずは生きづらさの改善や安心できる場や人との出会いが必要ではないだろうか。就労支援の手前にもっと多くの支

援のステップが必要とされていると思う。

また、今後ひきこもりへの理解促進や適切な対応の仕方を知ってもらうため、支援者向けのさらなる研修・講習が必要である。その際は、当事者と支援者の温度差、支援イメージの違いを埋めるためにも、必ず講師として当事者・経験者を入れてほしいと思う。

2 これまでのひきこもり支援

†就労支援じゃない

これまでのひきこもり支援の動向を簡単に振り返ってみたい。

二〇〇一年に厚生労働省「10代・20代を中心とした「ひきこもり」をめぐる地域精神保健活動のガイドライン」が示され、二〇〇四年に「ニート（十五歳から三十四歳までの、家事・通学・就業をせず、職業訓練も受けていない者）」という言葉が知られるようになると、それまで居場所や相談支援と同程度の位置付けだった就労支援が、一気にひきこもり支援の主軸に傾いていった。ひきこもりのゴールが経済的自立や就労とされ、二〇〇五年に「若者自立塾創出推進事業」（二〇〇九年にいわゆる〝仕分け〟で廃止）、二〇〇六年には

「地域若者サポートステーション」が設置されていった。

そのような流れに私は強い違和感を感じていた。いくつもの傷付き体験を重ね、もうこれ以上頑張れないと「命を守るため」にひきこもっている人に対し、訓練して元の社会に戻す、というやり方はそぐわないのではないか。「死にたい」「消えたい」と思うほどに追い詰められている人には、まず生きていていいと思え、その存在を肯定され、安心できる人との関係を作っていくことのほうが大切なのではないかと思っていた。

また、これまでひきこもりの当事者は専門家や有識者、支援者といわれる人たちから一方的に分析され語られてきたが、当事者の思いや考えとは異なっていると思うことも多く、特にひきこもりを「病気」や「障害」と捉え、本人に会わずに病名をつけ入院させたり、薬を大量に飲ませるようなことも続いており、不信感と憤りを感じていた。

働けない、自立できない自分を責め、生きている価値がないと激しく苦しんでいる当事者に必要なのは就労支援ではなく、もっと手前の支援なのではないか。就労支援にばかり傾いているのは、支援者に当事者の声が届いていないからではないか、当事者の声を聴かずに支援を構築することなどできるはずがないではないかと思っていた。

同じ思いを抱く当事者は他にもいたようで、二〇一〇年代に入り、全国各地で当事者が人前で体験談を話したり、グループや団体を立ち上げ、自分たちの声を伝える活動をしていることを知った。今ではSNSを通じて活動する多くの当事者・経験者たちとつながることができている。

そして徐々にではあるが、行政や民間の支援者たちも当事者たちの声に耳を傾けてくれるようになってきた。就労も大事だが当事者にとってまず必要なのは、居場所や安心できる人との出会いだという理解が少しずつ広がるようになっていった。

†ひきこもりと事件報道

そんななか、二〇一九年五月から六月にかけて、ひきこもりの人が関わったとされる「川崎市登戸通り魔事件」と東京都練馬区の「元農水事務次官長男殺害事件」が起きた。

ともに本当に胸の痛む、やり切れない気持ちになる事件だったが、川崎市の事件の直後、ニュースで容疑者が「ひきこもり傾向にあった」と報道されたのを見て、これはまずいと感じた。約二〇年前「ひきこもり」という言葉が広まったときも二つの大きな事件があり、その容疑者がひきこもりだったという報道があった。それが、現在にまで続くひきこもりの「怖い」「得体が知れない」というようなネガティブなイメージが広がった原因のひとつであることを思い出したのだ。

また報道が続くなか、「ひきこもりUX女子会に参加するつもりだったけれど、怖くて外出できなくなった」という人や「報道で傷つき半日泣き続けた。優しさが欲しい」と声を寄せてくれた人もいた。このままではまた、ひきこもり＝事件を起こすような人、という報道のされ方をするかもしれない、誤解や偏見を広めないで欲しいと強く思った。同じことをＵＸ会議のメンバーも感じたようで、すぐに話し合い緊急声明を出すことに決めた。以下はその声明文である。

川崎殺傷事件の報道について（声明文）

２０１９年５月28日に神奈川県川崎市で起きた無差別殺傷事件につきまして、まずは被害に遭われた方、ご家族や関係者の方々に心からお悔やみとお見舞いを申し上げます。被害に遭われた方の一日も早いご回復と心の平安を取り戻されますことを心からお祈りします。

弱い子どもを狙い、尊い命を奪った犯行はいかなる理由があろうと決して許されるものではなく、私たちも強い憤りと共に深く胸を痛めています。

そのうえで、「事件を悲しみ犯行を憎むこと」が「ひきこもる人たちをひとくくりに否定すること」に向かいかねない現状に対して、ひきこもりの経験者であり、また日々多くのひきこもり当事者・経験者、ご家族と接している立場からお願いがあります。

「ひきこもり」への偏見の助長の懸念

川崎市による会見では「長期間仕事に就かず、ひきこもり傾向にあった」「同居の親族からおこづかいをもらっていた」「市の精神保健福祉センターに複数回相談があった」との内容がありました。

これらが事実であったとしても、ひきこもっていたことと殺傷事件を起こしたことを憶測や先入観で関連付ける報道がなされていることに強い危惧を感じています。「ひきこもるような人間だから事件を起こした」とも受け取れるような報道は、無関係のひきこもり当事者を深く傷つけ、誤解と偏見を助長するものだからです。

「犯罪者予備軍」というイメージに苦しめられる

これまでもひきこもりがちな状態にあった人物が刑事事件を起こすたび、メディアで「ひきこもり」と犯罪が結び付けられ「犯罪者予備軍」のような負のイメージが繰り返し生産されてきました。社会の「ひきこもり」へのイメージが歪められ続ければ、当事者や家族は追いつめられ、社会とつながることへの不安や絶望を深めてしまいかねません。

「8050問題」への誤解を引き起こす

また「8050問題」とは、ひきこもり当事者とその家族の高年齢化傾向にともなう課題を指しており、今回のような犯罪行為に結びつく可能性を含む問題という意味ではありません。今回の事件と関連づけて「まさに8050問題」と表現することも適切ではないと考えます。

以上のことから、報道倫理に則り、偏った不公正な内容や、事件とひきこもりを短絡的に結びつけるような報道はしないことを報道機関各社に求め、「ひきこもり」や「8050問題」に対して誤った認識や差別が助長されないよう、慎重な対応を求めます。

また報道に際しては「専門家」「有識者」だけではなく、ひきこもり当事者・経験者の声を取り上げていただきたくお願い申し上げます。当事者不在で「ひきこもり」が語られ、実態に即さないイメージが拡大していくことは、さらなる誤解と偏見を引き起こします。

私たちが接してきたひきこもりの当事者や経験者は、そうでない人たちと何ら変わりありません。「ひきこもり」かどうかによらず、周囲の無理解や孤立のうちに長く置かれ、絶望を深めてしまうと、ひとは極端な行動に出てしまうことがあります。事件の背景が丁寧に検証され、支え合う社会に向かう契機となることが、痛ましい事件の再発防止と考えます。特定の状況に置かれている人々を排除したり、異質のものとして見るのではなく、事実に則り冷静に適切な対応をとっていただくようお願い申し上げます。

一般社団法人ひきこもりUX会議
２０１９年５月31日

この声明文は思いがけず多くの方がＳＮＳ等で拡げてくださったおかげで、新聞やテレビに取り上げられ、私たちもメディアで直接メッセージを伝えることができた。また、多くの報道で「ひきこもりと犯罪を結びつけるものではないが」という断りを入れるなど、ある程度配慮をした内容にしてもらうことができた。大慌てで出した声明文ではあったが、多少なりとも差別的な報道を抑制することができたのではないかと思う。

一方で、〝ひきこもりは犯罪者予備軍ではない〟という声明文に、「ネガティブな気持ちを抱える自分が否定されたようだ」という違和感をもった当事者もいた。なにかひどい目にあったときに「殺してやりたい」と思うほど相手を憎む気持ちは、誰にでもありうることだと思う。そんな感情を持つことを否定されたように感じたり、容疑者と自分たちを違うものとすることで新たな分断が起きるという意見はもっともなことだと思った。

だが、「犯罪者予備軍」というイメージに、すでに当事者がどんなに苦しめられているかを感じていた私は、これ以上そのようなイメージが広がってしまえば、ますます当事者は社会とつながれず、ひきこもりであることを他人には話せなくなってしまうとも思った。当事者や家族がそのイメージで追いつめられることを防ぎたいと思ったのも本心だが、当事者のなかにもさまざまな思いや考えがあるという当たり前のことを改めて感じる機会でもあった。

†支援の流れが変わった

そして、この動きは同年六月、ひきこもりUX会議とKHJ全国ひきこもり家族会連合会が当時の根本厚生労働大臣と面会することにつながり、その日のうちに大臣メッセージが出された(図表3-2)。

このなかに「安心して過ごせる場所や自らの役割を感じられる機会をつくるために、ひきこもりの状態にある方やそのご家族の声も聞きながら施策を進めていきます」という一文がある。「安心して過ごせる場所」=「居場所」と、「声を聞きながら施策を進める」ことの必要性が公に伝えられたことは、ひきこもり支援が変わっていく兆しを感じさせてくれるものだった。

その後、同年一一月に発表された内閣官房「就職氷河期世代支援の推進に向けた全国プラットフォーム」にもひきこもり支援が組みこまれ、ひきこもりについては「個々の状況に合わせた、より丁寧な寄り添い支援」や「八〇五〇等の複合的な課題を抱える世帯への包括的な支援の推進、居場所を含む多様な地域活動の促進」が必要だと位置づけられた。

また、同プラットフォームの資料では①ひきこもり状態にある方等が支援につながるための相談窓口の明確化・周知、②地域の支援内容・体制の検討や、関係者間での支援の目

ひきこもりの状態にある方やそのご家族への支援に向けて

川崎市や東京都練馬区の事件など、たいへん痛ましい事件が続いています。改めて、これらの事件において尊い生命を落とされた方とそのご家族に対し、心よりお悔やみを申し上げるとともに、被害にあわれた方の一日も早いご回復を願っています。

これらの事件の発生後、ひきこもりの状態にあるご本人やそのご家族から、国、自治体そして支援団体に不安の声が多く寄せられています。これまでも繰り返し申し上げていますが、安易に事件と「ひきこもり」の問題を結びつけることは、厳に慎むべきであると考えます。

ひきこもりの状態にある方やそのご家族は、それぞれ異なる経緯や事情を抱えています。生きづらさと孤立の中で日々葛藤していることに思いを寄せながら、時間をかけて寄り添う支援が必要です。

誰にとっても、安心して過ごせる場所や、自らの役割を感じられる機会があることが、生きていくための基盤になります。ひきこもりの状態にある方やそのご家族にとっても、そうした場所や機会を得て、積み重ねることが、社会とのつながりを回復する道になります。

また、ひきこもりの状態にある方を含む、生きづらさを抱えている方々をしっかりと受けとめる社会をつくっていかなければならないという決意を新たにしました。まずは、より相談しやすい体制を整備するとともに、安心して過ごせる場所や自らの役割を感じられる機会をつくるために、ひきこもりの状態にある方やそのご家族の声も聞きながら施策を進めていきます。そして、より質の高い支援ができる人材も増やしていきます。

ひきこもりの状態にある方やそのご家族は、悩みや苦しみを抱え込む前に、生活困窮者支援の相談窓口やひきこもり地域支援センター、また、ひきこもり状態にある方が集う団体や家族会の扉をぜひ叩いて下さい。

国民の皆様におかれましては、あらゆる方々が孤立することなく、役割をもちながら、ともに暮らすことができる、真に力強い「地域共生社会」の実現に向けて、ご理解とご協力をお願いいたします。

令和元年6月26日

厚生労働大臣 根本 匠

図表3-2　厚生労働大臣からのメッセージ全文

標共有に向けた支援対象者の実態やニーズの把握、③関係機関による支援や支援の気運醸成のための市町村プラットフォームの設置についても言及されている。

このようにこれまでの就労一辺倒の支援から、ようやく当事者目線での支援が始まる兆しが見えてきた。

†プラットフォームをつくる

では、現在国が進めているひきこもり支援のプラットフォームとはどのようなものか。厚生労働省の令和元年度「ひきこもり支援施策の方向性と地域共生社会の実現に向けて」の資料によれば、「地域ごとのプラットフォームの形成・活用」として、以下の二点が挙げられている。

①都道府県レベルのプラットフォーム（経済団体、労働局等）により各界一体となった取組を推進

②市町村レベルのプラットフォーム（自立相談支援機関、地域若者サポートステーション、ハローワーク、経済団体、ひきこもり地域支援センター、ひきこもり家族会等）により、地域資源、ニーズの把握、適切な支援へつなぐ等の取組を推進

また、令和二年度全国厚生労働関係部局長会議資料の「関係機関による支援や支援の気運醸成のための市町村プラットフォームの設置・運営」には以下のようにある。

①会議体を開催する必要は無く関係者間相互の連絡体制を築くことでも足りる
②既存の会議体の活用や都道府県による共同設置など柔軟な形態も可能
③都道府県PFとの円滑な連携のため、市町村PFを運営する事務局を設置

つまり、自治体と民間支援団体、当事者会、家族会、地域の企業や商店など、さまざまな地域の資源が連携し一緒にひきこもり支援を構築、実践していくというものだ。この場に、ひきこもりの当事者・経験者も参画し、意見を述べ、支援者や家族とともに支援を構築していくということは、当事者抜きで進められてきたこれまでの支援とは異なる新しい取り組みであり、大きな変化だと思う。

愛知県豊明市、山口県宇部市、徳島県三好市など支援のプラットフォームがすでにできている地域もあるが、全国的にはまだほとんどの自治体では設置されてないか、あっても機能しているとはいいがたい。また、プラットフォームが必要であることは理解していて

も、どのようにして、何から取り組んだらよいのかわからないというところも多いと思う。

こうしたなか、ひきこもりＵＸ会議では令和二年度厚生労働省社会福祉推進事業において、群馬県安中市、東京都東久留米市、大阪府阪南市、香川県高松市、多度津町でプラットフォーム作りに取り組んだ。その内容について簡単にご紹介したい。

†ひきこもり当事者やその家族と支援領域のプラットフォーム「Junction」

まずは自治体と連携し、その後民間支援団体や社会福祉協議会、若者サポートステーション、当事者団体、親の会、高齢者・障害者支援施設、商工会等、さまざまな団体や個人に参加を要請していった。参加してくれた団体の方たちは地域で活動しているからこその強みも生かしながら、広報や地域の情報集め、イベント当日のスタッフなどを担い、文字どおりみんなで協力し合いながら事業を進めていった。具体的な事業の内容としては、主に、①支援者向けの研修会、②イベント開催、③地域資源のブックマーク作成の三つだ。

各地での研修会には多くの支援者の参加があり、「地域で老いていくひきこもりを自分の問題として捉えていく必要性を痛切に感じました」「これまで持っていたひきこもりに対するイメージが少し変化した。相手に親身になって話をきくことが重要だと思った」「就労をゴールにしてはいけないという話は聞いていたがよりその認識をすることができた」などの感想があった。

イベントでは、当事者・経験者、家族、支援者が集う。当事者の体験談を聴き、それぞれの立場ごとに交流会を行い、最後には全員での分かちあいの時間をもつ。会場には地域の支援者たちがいて、支援の情報もあり、気が向けばつながることもできる。また、それぞれの地域ごとに作成した、支援情報が掲載されている小冊子「ひきこもりなどの生きづらさを抱えた方とそのご家族のための地域資源ブックマーク」も作成、配布した。

今まさにひきこもり状態にあり、なかなか一歩踏み出す勇気が持てない当事者たちでも、同じような経験をした人たちには、会ってみたい、話してみたいと思うことがある。イベントは「支援されない場」であることが重要だ。何かを提案されたり、説得されたりするのではなく、ただ会って、可能であれば少し話す。それだけの場だからこそ、参加のハードルが下がる。

当事者団体であるUX会議は当事者にリーチすることが比較的得意だ。だがその先の地域にすでにある支援につなぐには、行政や支援者の力が必要となる。この事業の重要なポイントは、当事者サイドと支援者サイドがそれぞれの強みを生かし、補完する形で、当事者や家族の出会いと次のステップを提供することにある。

プラットフォームの中身はそれぞれの地域で違ってくると思うが、大切なのは当事者と家族と支援者が対等な立場で一緒に支援について考え、当事者にとって本当にあってほしい支援を作っていくことだと思う。そのために、ぜひ当事者・経験者たちの力を借りてほしいと思っている。

UX会議では二〇二一年度も引き続き、全国五都市でプラットフォーム作りを実施している。一緒にやりたいという自治体があればぜひお気軽にお問合せいただきたい。

最後に、イベントの参加者の声を少しご紹介したい。

「ひとりではないと思えたことがとても心の支えになりました。思い切って来てみてよかったです」

「同じ悩みを持つ方とお話ができて気持ちが楽になりました」

「生きづらさは変わらなかったが、少し頑張ろうと思った」

「当事者が集えるこのような場をもっと多くの場所で頻繁に開いてほしい」

3 支援者に伝えたいこと

†まなざしと姿勢

支援者の方から、ひきこもりの事例や具体的な対応の仕方を知りたいと言われることがよくある。現場で対応しなければならない方には重要なことだと理解してはいるが、私は支援においてはハウツーよりも、ひきこもる人へのまなざしと姿勢がもっとも大切なのではないかと思っている。いくらハウツーを学んでも、百人百様と言われるひきこもりの人に対応するには限界があるのではないだろうか。

ひきこもりの支援というと、「社会（学校）に適応させること」と思っている人が多いように思う。「適応指導教室」という言葉が象徴するように（この名称はなんとかならないものかとずっと思っている）、この社会（学校）に適応させるように本人に働きかける。問題があるのは本人（または家族）であるから、その当人を指導、矯正して元の社会に戻す、という発想だ。

でもこの社会（学校）は出て行って楽しいと思えるような社会（学校）になっているの

だろうか。ギリギリまで頑張った末に、これ以上は無理だと「命を守るために」撤退した人に、そう簡単に社会に戻っておいでとは私には言えない。その人にとって社会（学校）はまさに「戦場」だったであろうと思うからだ。

ひきこもり支援を見ていると、「野戦病院」のようだと思うことがある。いじめや競争、同調圧力など、ある人にとっては「戦場」と化してしまった学校や社会で傷ついた人をいったん病院に収容して、治療したり、矯正したりして、また戦場に送り返してどうするんだと思う。今度は死んで帰ってくるかもしれないのに。

問題があるのは本人ではなく、社会（学校）のほうかもしれない、という視点は必要だと思う。「ダメな人」を矯正し社会に戻すという発想ではなく、さまざまな個性や特性こそが強みで、それを活かしてもらうという発想がほしい。また、その人が、その人のままで生きられる社会を作っていくこともとても大切だと思う。

†「向き合う」のではなく「横に並ぶ」

ひきこもりの支援というと、階段状のものがイメージとして使われることが多い。下から、自宅訪問→家族・当事者相談→居場所→体験を含む中間的就労支援→就労に至る、という図だ。階段の上の「社会で普通にやれている人」たちに、階段の一番下にいる当事者は「上がってきなさい」と言われている。当事者からは支援者に対して「上から目線」という言葉がよく出るが、そもそもこの階段状のものがそれを表わしているように感じられる（図表3-3）。

通常、このような図に描かれる階段は四～五段で表わされるが、当事者にとってこの階段は一〇〇段、もしくは一〇〇〇段あると感じられることがある。昇っても昇っても、支援者や家族、また自身の望むようなところまでたどり着けず、てっぺんは遥か雲の彼方だ。周りが望むようになれないと思うことでますます自分を責めることにもなる。

また、「支援」というとどうしても「支援する側―される側（Face to Face）」と向き合ってしまい、そうすると上下関係ができやすい。互いに向き合うのではなく肩を並べて「横に並ぶ（shoulder to shoulder）」。そして同じ未来を見てほしいと思う。自分がどうなりたいか、どう生きていきたいかは当事者にしかわからない。その未来を一緒に探し、方向が定まったなら、そこに向かって歩む本人を後ろからそっと支えるような支援であってほしい（図表3-4）。

†支援はいらない、ほしくないという気持ち

ときに当事者が「困っている」「できれば誰かに手助けしてほしい」と思いつつ、「支援

図表 3-3　階段状のイメージ

図表 3-4　うしろから支えるイメージ

は必要ない」「解決してほしいわけじゃない」という気持ちを持つことがある。この相反する思いがあり、なかなか支援につながれないということも少なくないのではないだろうか。このままではいけないと思いつつも、急な変化が怖かったり、わかってもらえず説教されるのではないかと思ったり話は聞いてほしいが解決は自分でしたいという気持ちがあったりする。また人によっては、自分のような人間が支援など受けてはいけないと思ったり、「支援される」ことに屈辱的な感情を持ったりすることもある。支援者の人がよかれと思ってすることでも、当事者にとっては生きる主導権を再び他人にゆだねるような気持ちになることもあると思う。あくまでも主体は当事者であり、周りが当事者を変えるのではなく、本人が自ら変化していく過程を支えていってほしいと思う。

†ゴールは本人にしかわからない

長年、ひきこもりのゴールは「就労」であり「自立」だといわれてきた。でもこれは家族や支援者にとってのゴールだと私は思う。ひきこもりのゴールは本人にしかわからない。ある当事者は「ひきこもったことを受け入れたときがゴールだった」と言っていたが、私自身にとってもゴールはなんなのか、どこなのかいまだにわからない。死ぬまでわからないのではないかとさえ思う。

「生きていていいと思えない」当事者にとっては、面接の受け方や履歴書の書き方、コミュニケーション能力を高めることが必要なのではなく、「生きていていい」と思え、安心して自分らしくいられる場や関係性が必要だ。

粉々になった自己肯定感をわずかでも取り戻したのち、本人が望めば就労支援につながればいいし、ボランティアが良ければボランティアを、人によってはひきこもり続けることが望みかもしれない。とりあえずでもゴールがあるとすれば、まずは「生きてみよう」と思えるようになることではないだろうか。

本当に必要な支援とは「幸せになるための支援」だと思う。本人が幸せだと感じられるようになるために何が必要か、そのためにはどうしたら良いのかを一緒に考えてほしいと思っている。

†就労支援は必要か

これまで書いてきたように、私は長い間「就労支援」には懐疑的だった。「就労支援」が必要ないとは言わないし、それを必要としている人がいることも理解している。だが、親世代からは「働かざるもの食うべからず」と叱責され、報道される際は「親の年金を食いつぶす寄生虫（パラサイト）」と攻撃され、それを支援と結び付け当事者を脅すかのように「自立」や「就労」を押し付けても何も解決しないと思っていた。

また、就労支援を受けて就労に至っても、これまで私の知る限り、数カ月から一、二年で辞める人はとても多かった。私自身も二〇代から一〇ヵ所以上の職場を渡り歩いてきた。誤解のないように言っておくが、私は仕事を辞めることも転職することも悪いことだとは思っていない。そのときの状況や心境、体調などで、辞めたり転職したりすることはあって良いと思っている。

ただ、本人の意思に反して辞めざるを得なくなることもある。頑張りたい気持ちがあっても、コミュニケーションが苦手で職場の人とうまくいかない、いじめやパワハラ、セクハラにあう、体力・精神面での回復が充分でなかったなど、そこにはさまざまな理由がある。ここでお伝えしたいのは、性急に就労を目指すことが、なぜひきこもっていた人にとってそれほどきついことなのかということだ。

†就労の何が困難なのか

ひきこもり期間が長いほど、体力も気力も落ちていることが多い。長期間人と話さずにいたことで、言葉が思うように出なかったり、人のいる空間にいるだけで疲弊することもある。ましてや家の外に出て電車に乗って出掛けるなどということは、大きなストレスとなり、心身への負担が大きい。

例えば、なんとか就労し出勤することになったとする。まず、朝起きなくてはいけない（明日の朝起きられるだろうか）、外に出なくてはいけない（人目が気になる）、職場で人と話さなくてはいけない（うまく話せるだろうか）、体調の不安（途中で具合が悪くなったらどうしよう）、電車が怖い（パニック発作が起きないだろうか）、仕事はちゃんとこなせるだろうか、昼休みはどう過ごしたら良いのだろう（雑談は苦手だし）……、とあらゆる不安が押し寄せ、職場に辿り着く頃にはクタクタだ。不安や緊張を抱えながら仕事をなんとかこなしても、家に帰るなりベッドに倒れ込む。「明日行けるだろうか」と不安に苛まれながら眠れぬ夜を過ごすのだ。

このような日々は長くは続かない。頑張ってしばらく続けてきても、結局は疲労が積み重なり、辞めることになる。

もちろん、すべてのひきこもりの人がそうなるわけではない。準備が整った状態で臨めばうまくいくことも充分あるし、実際そういう人もいる。だが、ひきこもりから抜け出そうとする人が就労に向かうときのハードルの高さと多さ、きめ細やかなサポートの必要性を知ってもらいたいと思っている。

近年ひきこもりの人たちを心身両面でサポートしつつ雇用したいという企業が少しずつ増えている。人手不足が理由でもあるが、ひきこもりについて理解をした上で、社会的役割としても協力したいという思いを持ってくださる方もいて、個人的にはとてもありがたく、働き方の多様性につながると感じている。

そのような企業の担当者は、居場所や講演会などに足を運び、当事者からも意見を聞いた上で、本人に無理のないペースでの勤務や、向いている仕事を与えるなど配慮した就労支援プログラムを作ってくれている。

東京都東久留米市の商工会議所では、市と支援団体、地元の企業が協力して、一日数時間、週に一～二日など、仕事の細かい切り出しをして当事者とつないだり、起業の相談などをしている。地域で働きやすい職場を作ってくれることは、その後の生活においても地域の人の協力を得られやすく、このような取り組みは心強く感じる。

†やってみたい仕事がある

「ひきこもり・生きづらさについての実態調査2019」では「就きたい職業ややってみたい仕事」についても聞いた。そのなかには、「月○○時間以上勤務とか、月○日以上勤務だとして、各自が計算して好きな曜日や好きな時間を選んで出勤できる勤務形態の会社があるなら働きたい」「ある程度一人で出来る業務。チームワークや、二人一組でする仕事ではない業務」「近年になって精神疾患だけでなく発達障害もわかったので、謎の苦しさの原因がわかった。かといって辞められない。本当は配慮を受けながら無理なく働きたい」などの声があった。

一人でできる仕事や過度なコミュニケーションを要求されない、安心して働ける環境という声は多かった。また、この設問の答えからは、何かをやってみたい、働いてみたいという気持ちを多くのひきこもり当事者・経験者が持っていることも感じた。当事者の働きたい気持ちと、企業側のニーズがうまく出会えるような機会づくりができていくといいと思う。また多様な働き方が実現すれば、ひきこもりの人だけでなくさまざまな事情を抱える人にとっても良いのではないだろうか。

†当事者活動にこそ支援を

現在、ひきこもり当事者・経験者らは自ら行動を起こし、さまざまな形で自分たちの声を発信する活動を始めている（当事者活動・当事者発信）。雑誌『ひきポス』やさまざまな情報誌の発刊、体験談やイベント開催、また行政が開く会議への参加、提言など、その活動は多岐に亘る。

もっとも多いものは居場所（自助会・当事者会）の運営だが、国や自治体には、このような活動を直接支援してほしいと思っている。新しい支援施設をつくるよりも、今ある当事者活動や当事者団体を支援するほうが、よほど実のある支援になると思う。

当事者団体や経験者たちは今ひきこもっている当事者にとって、同じ経験をした人同士という安心感がありつながりやすい。「相談」に行くわけでも「支援」されるわけでもない居場所やイベントは、最初の一歩としてハードルも低い。

しかしながら当事者活動はそのほとんどがボランティアで運営されており、資金や人員がぜい弱だ。

当事者のなかには「ひきこもりの予算は結局支援者と団体に行き、自分たちのところには何も来ない」という声もある。その予算は支援者の給料になっているだけではないか、という意見だ。厳しい意見だが、正直、私もそう思うことがある。成果の出ない、当事者の思いとかけ離れた支援に予算を増やすのなら、すでに全国各地で活動している当事者活動にこそ、直接お金が渡るようにしてほしい。

†「早期発見・早期介入」への違和感

行政の支援者や学校関係者からよく受ける質問に「早期発見・早期介入」についてがあ

る。どのようにして早期に不登校やひきこもりを発見し、対応したら良いかということだが、私はいつもこの質問に「違和感がある」と答える。

早期発見・早期介入ということは、それが良くないことであり、予防しいち早く解決するべき「問題」と捉えているから出てくる発想だと思う。不登校やひきこもりはそうせざるを得ない状態に、多くの場合長い時間をかけてたどり着いた結果である。また状態である以上それ自体が良いことでも悪いことでもない。文部科学省も二〇一六（平成二八）年の「不登校児童生徒への支援の在り方について（通知）」で、「不登校とは、多様な要因・背景により、結果として不登校状態になっているということであり、その行為を「問題行動」と判断してはならない。不登校児童生徒が悪いという根強い偏見を払拭し」と言っている。「ひきこもり」は「生きるための手段」であり「生きるための撤退」である以上、それを早く発見して予防することが必ずしも良いことだとは思わない。

不登校とひきこもりの経験者で長年の友人である丸山康彦《まるやまやすひこ》さん（ヒューマン・スタジオ）は、現在は不登校・ひきこもりの相談員をしているが、彼は早期発見について次のように述べている。

「ひきこもり状態の人〝が〟早期発見・早期対応しやすい支援環境づくりを進めまし

ょう」という意味での「早期発見・早期対応」を提唱しています。（中略）では、ひきこもり状態の人が、何を「発見」し、どう「対応」することを容易にすればよいのでしょうか。

近年、居場所や当事者会、あるいは定期的に開催されている会やイベントなど、ひきこもりをテーマにしていて、なおかつ支援を目的にしていない（非支援の）集まりが都市部を中心に増えています。それらをインターネットで見つけて参加したくなったけどすぐには参加できず、しばらくして参加できた、という人が増えているようです。

こういった「参加したくなる場」を、本人が「早期発見」しやすく「早期対応」（＝なるべく早く参加）しやすい環境をつくり出すことこそ、支援側は力をいれるべきだと思うのです。「を」から「が」に代えるだけで、本人は「発見される側」から「発見する側」へ変わるわけです。

（「不登校新聞」四八三号、二〇一八年六月一日）

この丸山さんの意見に私もまったく同感である。当事者や家族が、必要なときに必要なサービスに早く辿り着けるように、支援側は情報の発信をきめ細かく、できる限り多くのツールを利用して行っていってほしいと思う。

†アウトリーチへの危惧

アウトリーチ（訪問支援）については、近年ひきこもり経験者が訪問をするピアサポートも含め、進める動きが強まっている。だが、早期発見もそうだが、「見つかりたくない」と思っている当事者にとっては、このアウトリーチも恐怖以外のなにものでもない。アウトリーチというのは、それを望まない当事者にとっては心の中に土足で踏み込まれるようなもので、もっとも受けたくない支援の一つである。

多くのアウトリーチは家族の要請によって行われるが、アウトリーチをして良いのは、「本人が望んだ場合に限る」。これを大原則としてほしい。そうでないと「襲撃」になってしまう。そして、行う際にはきめ細かい配慮をしつつ、丁寧に時間をかけて関わっていくことを大切にしてほしいと思う。

また、アウトリーチはいわゆる「引き出し屋」といわれる「暴力的〝自称〟支援団体」と区別がつきづらいことがある。当事者の部屋のドアを壊して踏み込み、「説得」という名の脅迫を長時間にわたって行い無理やり施設に連れていく。家族に数百万のお金を支払わせるものの、これといった支援がないまま当事者は鉄格子や鍵のついた部屋に監禁される。これまでそういった施設からは死者が出たり、施設から脱走をしたまま行方不明になったり、親子関係が完全に断絶してしまうといった被害が絶えない。

このような団体が幅を利かせたのはメディアによる報道の影響も大きい。繰り返し民放テレビなどで「すねをかじり続ける息子に苦しめられる親」という取り上げ方をされ、支援窓口を廻ってもどうにもならないと思う家族がこのような団体に依頼をするということが続いてきた。

二〇一六年に、ある民放番組について問題があるとして、当事者・経験者やその家族と共に連名で共同声明を出し、精神科医の斎藤環《さいとうたまき》さんやジャーナリストの池上正樹さんらと一緒に、記者会見を行った。これ以降、当事者たちが問題提起をしたり、裁判や告発する記事が多く出てきたこともあり、このような団体を取り上げる番組は徐々に減っていっているように思う。当事者の尊厳をふみにじるようなこのようなやり方はけっして許されない。

一方で、このような団体に家族がすがってしまうのもわからないではない。どこに相談に行っても解決方法が見つからず途方に暮れているところに、「半年後には必ず自立できます！」とか「一〇〇〇人を社会復帰させた！」などの謳い文句を見れば、それが事実かどうかを確かめる間もなく依頼したいと思うかもしれない。

裏を返せば、それは家族を安心させられるだけの支援が他にないということでもある。当事者にとっても家族にとっても、本当に安心してつながれる支援や居場所が身近なところで数多くできていくことが必要である。

4　安心できる「居場所」

†なぜ「居場所」が必要か

ひきこもりに於いて、「居場所」「フリースペース」「自助会」「当事者会」（以下、「居場所」と呼ぶ）と呼ばれる場はずいぶん昔から存在し、当事者・経験者にとっては安心して自分らしくいられる場として重要な機能を果たしてきた。だが、その数はいまだとても少なく、特に地方には気軽に行ける場所にはないことが多いのではないだろうか。

私が最初にひきこもりの居場所（当事者会）のことを知ったのは、一九九四年に福岡で活動を始めた「ウェーブラット」だった。その後、一九九九年に東京で十数年間のひきこもりから抜け出した当事者が始めた「とびらの会」ができたのをきっかけに、「フレオリ」「step」など千葉、神奈川、埼玉でも当事者会ができ、私も何度か参加した。当時はひきこもりの支援と呼べるものはほとんどない状況であり、いずれの会にも大勢の当事者・経験者が集い、「とびらの会」には八〇人ほどが参加することもあった。当時の参加者の多くは二〇代で、その後徐々に三〇代以上の人も増えてきたことから二〇〇一年には三〇歳以上が対象の「カラーズ」もできた。あれから二〇年が経ち当事者も高年齢化が進んでおり、もはや三〇代でも若いと感じる状況となっている。

当事者がつながる先のひとつとして「居場所」といわれる場は必要かつ重要だ。「居場所」には当事者・経験者たちのみで開催するものや、支援者や親の会の協力を得て開催するもの、また支援団体や自治体が開催しているものもある。同じような経験をした者同士で集い、共感と理解を得ることは、自己肯定感の回復に大きな効果がある。

「居場所」はこれまで、主に医療関係者や支援者、有識者らから「傷のなめ合い」「そんなところに行っても役に立たない」などと言われ、支援として認められることもなく、主催する当事者の大きな負担の上に細々と続いてきた。では居場所以外の就労支援、自立支援が成功してきたのかといえば必ずしもそうともいえず、先述したとおり実態調査でも当事者が求める支援として「居場所」はもっとも多かった。

†いつでも戻れる「居場所」

また、支援者から「居場所は通過点でありいずれ卒業するもの」とか「居場所に溜まって出ていかない」という声を聴くことがあるが、私はそうは思わない。「居場所」とはずっと居続けられる場であり、また仮に就労した後でもホッとしたいとか、気心の知れた仲間と話したいと思ったときに戻れる場であれば良いと思う。居場所は「支援」の一つであり「通過点」だと規定したとき、そこは本当に安心できる場になるだろうか。本人がそこを「卒業」して出ていくと考えた場合は良いが、本人以外がそれを決めることは「都合」に過ぎないという気がする。

さらにいえば、「居場所」は必ずしもひきこもりに限定する必要はない。趣味や習い事の場が「居場所」になることもあるだろう。実際にギター教室の先生との出会いがひきこもりから抜け出すきっかけになったという人もいる。本来「居場所」とは作るというより、いつの間にかそこが「居場所」になっていたという性質のものでもある。否定されずに受け入れられ、安心して居られる場であれば、それは誰にとっても居心地の良い場ではないだろうか。

†「居場所」の課題

一方、居場所の運営には課題も多い。当事者だけで運営することは、本人たちの心身の状態に変化が起きやすいことから、安定した継続が困難であることも多い。また、資金がないこと、スタッフ不足、トラブルが起きたときに相談できる相手がいないことも大きな課題だ。せっかく立ち上がった当事者会も、上記のようなことから長続きすることが難しく、残念ながら閉会する居場所も少なくない。

居場所の多くは公共機関の会議室などを借りて行われるが、その際には団体登録が必要だったり、在住・在勤者に限定されていることもある。また、会場費を支払うために参加費で賄うしかないことについても前述したとおりだ。

最近ではSNSを活用し、当事者活動を行っている人同士の助け合いの場もできてきているが、安定した会場確保や、スタッフ・参加者への交通費支給、トラブル対応のためのサポートなどが急務であり、行政のサポートを強く要望したい。

「八〇五〇問題」が「九〇六〇問題」に移行するのはすぐ目の前だと感じている。地域の中で、ひきこもり当事者だけでなく、誰もが安心して生きていける社会をつくるためにも、安心して居られる「居場所」は今後大切な役割を果たしていくと思う。各自治体に一つは「居場所」があるようになることが理想だと思っている。

†イベント運営などの際の工夫

「居場所」やイベントを開催する際、どのような工夫をすれば当事者が安心して参加できるだろうか。ここまでの内容と重なるところもあるが、以下にUX会議の取り組みを具体的に述べてみたい。

①安心して参加できる場を提供する

参加者が安心できるようにあらゆる視点を持って、安心の確保につとめている。ひとつは、当事者会の場合は対象を「ひきこもり／生きづらさ」に限定することである。「自分と同じような状態の人に出会う」という点は安心感を抱いてもらいやすい。ただし、あまり限定しすぎると自由度が低くなり逆に窮屈さを感じさせる要因にもなるため「当事者(現在、ひきこもり状態にある方)」に限定せずに「経験者」の参加も可としている。「ひきこもりUX女子会」は、男性に苦手意識を感じているひきこもり状態にある当事者・経験者たちが安心して集まれる場とするため「ひきこもり／生きづらさ／女性自認」でセグメントをしている。その他、「ひきこもり／生きづらさ／性的マイノリティ」などでセグメントを行う場合もある。

②地域を限定しない

居場所やイベント参加者の事情はさまざまであり、「生活困窮状態にあるため、電車賃を捻出できない」「パニック障害があり公共交通機関を使うことができない」などの事情により、居住地の近くでの開催を望む人もいれば、「地元の人に、ひきこもりだと知られたくない」「知り合いに会うかもしれなくて怖い」などの理由により居住地からある程度離れて開催されるイベントに足を運ぶ人もいる。ひきこもりUX会議では、当事者会などを実施する際に地域を限定せずに開催したり、多地域からもアクセスしやすい会場を選定するようにつとめている。また、自治体と連携し広域で開催することもある。

③予約制にしない

ひきこもりUX会議が実施している多くのイベントは、事前予約は不要としている。体調面や心理面に不安を抱える人も少なくないため、「予約しても参加できなくて迷惑をかけてしまうかもしれない」と予約自体がプレッシャーとなりやすい背景がある。また、予約の際に電話やメール等で連絡をするということが、そもそもかなりハードルが高い行為であり、できるだけ気軽に参加できるよう当日参加を可能としている。予約を取らないことは主催者側には不安材料となる。だが、常に「最大の利益は当事者に」という気持ちで、こちらの都合よりは当事者にとって良い方法を選ぶようにしたい。

④参加費を低価格にする

ひきこもり状態にある人の背景として生活に困窮している人も少なくないため、無料や安価な参加費（二〇〇〜三〇〇円程度）で参加できるものが望ましい。参加費をできるだけ抑えることで、生活困窮状態にある人や、収入のない当事者も参加しやすくなる。一方、継続的な活動には運営団体として健全に成り立つことも必要条件だが、安価な参加費だけで運営していくのは非常に難しい。そのため、行政との連携や助成金の活用が重要になってくる。

†コロナ禍における支援

これまで述べてきたとおり、ようやく当事者主体の支援が始まるかと思った矢先の新型コロナウィルス感染拡大である。ひきこもりUX会議でも感染防止のため、居場所が開催できなかったり講演がオンラインになったりと大きな影響を受けている。オンライン当事者会もできているが、私たちが開催する居場所は当日その会場に来ることや、直接顔を合わせて交流することに大きな意味があると感じている。会場にたどり着くには当事者はいくつものハードルを越えてこなくてはならず、身だしなみを整え、外出し、電車に乗り、人のなかに居ることが必要で、それ自体にも意味がある。感染予防対策をした上でリアルな場を開催できるよう、消毒用のアルコールや飛沫予防のパネル、体温計、マスクなどの支給があればありがたい。

また、コロナ禍で会場となる施設の多くが、利用できる人数を普段の定員の半分にしている。そのことで参加人数が限られることから、当然参加費も減ることになり、結果、当事者会を開くことができない状況も起きている。公共機関、施設にはぜひとも、定員に合わせて使用料を減額、もしくは無料にしていただきたいと思う。

5 自治体や地域に伝えたいこと

†自治体に求める役割

当事者や家族の高年齢化や新型コロナウィルス感染拡大による影響もあり、今後ひきこもりなどの困難な状況に置かれる人は増えていくと思われる。支援において自治体の果たす役割は大きい。こうであってほしいと思ういくつかの例をあげてみたい。

①窓口の明確化・職員の育成

「ひきこもり」といっても、その背景はさまざまである。相談窓口では、年齢等の条件を定めず広く受け止めて欲しい。また、必死の思いで相談窓口にたどり着いても、そこで叱責される、理解してもらえないなどの理由で傷ついた経験をもつ当事者は多い。ひきこもり当事者理解に努め、他部署や他機関とも連携し、一人ひとりに合った支援につないで欲しい。また、行政の職員、民間支援団体の職員など、支援に携わる人への研修は必須であり、定期的、継続的に実施してほしい。その際には講師として当事者や経験者を必ず入れるようにしてほしい。

②広報

相談窓口がわからない、ひきこもりについて行政に相談できると思っていない人は非常に多い。ひきこもり状態にある人やその家族に相談の窓口があることが伝わること、さまざまな支援の選択肢があることを情報として伝えることが重要である。その際に、チラシやHPなどでの言葉遣いやデザインなどにも工夫をこらし、ここなら行ってみたい、ここなら聞いてもらえるかも、と思ってもらえるような体裁にすることも重要である。そして

ＳＮＳなども用い、幅広い世代に情報が届くようにしてほしい。

③支援団体への資金面の支援

当事者会などのイベントを開催する当事者団体・個人に対価が支払われる仕組みが必要である。ひきこもり状態を経験した人が、自分の経験を役立てたいとイベントの開催を企画、実施する活動が広がってきている。開催のための会場の使用料やメインのスタッフの交通費程度として、まずは少額の助成が欲しい。また手続きが簡略化されたものであることも利用のしやすさの面で重要である。

④地域の協力者の開拓

最近ではひきこもりに理解を示し、出張してくれる歯科医や美容師の方がいる。ひきこもって歯を悪くする人や髪が伸び放題になってしまう人は少なくない。外出のできないひきこもりの人でもそのようなサービスが受けられるように地域の協力者を開拓してほしい。

⑤マイノリティへの配慮

行政の支援としては男性と女性の差別はあってはならないが、男性に恐怖心や苦手意識を持っている女性もいるため、女性に配慮、特化した支援、また性的マイノリティの当事者への理解と配慮も必要である。

†求められる社会的な支援とは

ひきこもりの人は地域の中でとても生きづらい。相談に行きたくとも、居場所に行きたくとも、そこに知り合いやかつての同級生がいるかもしれないと思うと、足を向けることはとても困難になる。それは「ひきこもり」にあまりにも誤解や偏見、ネガティブなイメージが付きすぎているからではないだろうか。誰にでも困難な状況が続けばひきこもる可能性はあり、困ったときはお互いさま、というような温かなまなざしと思いやりが何より大切だと思う。

また、四〇代、五〇代以降のひきこもり当事者の支援においては、就労し正社員になることを目指すよりも、親亡き後どのようにして地域で生き延びていくかが求められている。行政の支援だけではなく、地域の中に協力者や理解者を得て、緩やかなつながりを保ちながら暮らしていけるようになる必要があるだろう。地域の小さな困りごとを手伝えたり、週に一日や、一日三〜四時間だけ働けるような企業、商店、農家などの協力があるとありがたい。また少しだけ誰かと話したいときに気軽に立ち寄れる町のカフェなどもあると心強い。

自治体や民間団体、親の会、社会福祉協議会や民生委員、地域の民間企業、商店街など、あらゆる資源が連携し、地域の中で安心して生きていけるよう、包括的に支えていく仕組みづくりが急がれる。

ひきこもることが殊更に問題視されることがなくなるような、誰もが安心して生きていける、そんな地域・社会づくりが、今後のひきこもりの支援においては重要だと考えている。

†男女共同参画センター横浜南の取り組み

この章の最後に、先進的な取り組みとして、また一経験者としてあって欲しいと思う支援を二つご紹介したい。まずは、男女共同参画センター横浜南の取り組みだ。


「ガールズ編しごと準備講座」

横浜市では、二〇〇九年に生きづらさや働きづらさを抱える女性の自立に向けたサポート「ガールズ支援事業」が始まった。二〇二一年六月までに第二〇期、約四八〇名が参加している。

事業は、第一段階として「子どものころから人間関係が苦手」「働けるかどうか不安」「しごとが続かない」などの思いを抱える人向けの「ガールズ編しごと準備講座」、第二段階として「就労体験の前に、まずは体調を整えたい」「人に会うことに慣れたい」人向けのボランティア体験、そして第三段階として、「就労に向けて本格的に準備を始めたい」「心身の調子が整ってきたので働く現場を体験したい」という人のための、就労体験（ジョブ・トレーニング）の場として館内にある「めぐカフェ」での実習が用意されている。

また、横浜市のよこはま若者サポートステーションや横浜市青少年相談センター等とも連携し、一人ひとりのニーズに合わせて幅広い支援が受けられるようになっている。

私も二〇一六年から「ガールズ編しごと準備講座」で年に二回一コマを担当させていただき、困難を抱える女性たちに体験談を話したり、簡単なワークショップを一緒に行うなどしてきた。横浜市内でなく遠方から参加する人もあり、なんとか状況を変えたい、自立に向かいたいと願い行動する女性たちの姿に、毎回強く胸を打たれている。

就労率二〇％アップ

その「ガールズ講座」が二〇一九年に一〇周年を迎え、二度目の修了者調査が行われた。その調査のなかで目を引いたのが、「就労をゴールと設定するのではなく、その手前の

「社会参加」の壁を乗り越えることを目標とする支援」に変えていったことで、「前回調査（二〇一四年）より約二〇％も就労率が上がっていたという結果だ。

調査では「初めて自分の存在を認めてもらえた」「本来の自分の姿を取り戻すことができた」などの声があり、就労を目的とするよりも「自己肯定感の回復」が先であり大切であるとの認識がなされたとある。

具体的には、それまでの履歴書の書き方などではなく、①小グループで話し合う時間を増やし、②「先行く先輩の体験談」として体験談や講座修了者に話をしてもらう、③気軽に相談できるようセンター内の資源を利用しやすくするなどの工夫があったとのこと。「ガールズ講座」に参加した人がひきこもりUX女子会に参加したり、その逆も起きている。横浜市内のさまざまな支援窓口や地域のボランティア団体、当事者会などとも連携し、ひとりひとり違ったニーズのある当事者女性が、就労に限らず、そのときに自分に一番合った場、つながりを得られることが、この「ガールズ支援」の最大の良さ、強味ではないかと感じている。

†大阪府豊中市の取り組み

ひきこもりUX会議では、二〇一七年一一月より大阪府豊中市と連携して「ひきこもり

UX女子会」を開催してきた。同年二月に豊中市で開催された「若者当事者全国集会in豊中2017」に参加したことがきっかけで豊中市市民協働部くらし支援課に声をかけていただき、これまでに「ひきこもりUX女子会」を七回、「ひきこもり女子会の作り方講座」を三回開催し、のべ四二九名が参加した。現在は、くらし支援課が主催し、当事者女性たちが主体となって女子会を開催している。

途切れのない支援

豊中市のひきこもり支援は市の関係部局や豊中市社会福祉協議会、民間の支援団体、当事者団体、企業とも連携して包括的支援体制を構築し、きめ細やかで途切れのない支援を実現していることが特徴的だ。

ひきこもりの長期化、高年齢化による生活の困窮や医療的支援の必要性、障害、就労困難など、当事者や家族が抱える困難は多岐にわたる。従来型の行政の支援では、高齢者・障害者・子ども／青少年・生活困窮者など、対象者別に支援機関ごとにサービスやサポートを提供するシステムとなっており、当事者がいずれかの理由でようやく行政の窓口に辿り着いても、担当外との理由で対応を断られたり、たらい回しにされることが多かった。一方、豊中市では支援機関同士の連携を強化することで、「どこの相談窓口を利用しても、最終的には同じ支援を受けることができる」体制が作られている。

たとえば、ひきこもり女子会や地元の当事者会につながった当事者が、次のステップに行きたい、就労を考えたいと思ったときに、くらし支援課直営の「くらし再建パーソナルサポートセンター（ＰＳＣ）」に相談する。ＰＳＣでは当事者の困りごとに応じて、居場所・医療・福祉サービスなど必要に応じた支援機関を紹介したり、就労支援につなげている。

就労の希望がある場合は、くらし支援課が開拓し登録している企業から、当事者に合う企業を支援員が選び紹介する。一般的な就労支援との大きな違いは、当事者はまず支援員と共に「企業見学」や「職場体験」に行くことができることにある。面接を受ける前に希望する職場の社員に会い、仕事内容や社内の雰囲気を見ることができるため、長く就労から遠ざかっている当事者にとっては不安感の軽減に繋がるだろう。その上で採用面接を受け働きだした後も、次のステップとして長く働き続けることができるように、ＰＳＣの支援員が相談に乗ったり、ときには様子を見に行くこともあるという。

ひきこもり後に就労に至っても、慣れない仕事や人間関係、体調管理の難しさなどから続けられなくなることは多い。従来型のサポートでは「就労したら支援は終わり」というものが多く、その先の「職場に定着するまで」を支援することはほとんどなかった。豊中市では入口の支援とともに、この定着支援を行っているところも、これまでの支援の一歩先をいく大きな特徴の一つといえる。

人手不足に悩む地元事業者に地域の人材を紹介することは企業への支援になるとともに、支援を受けていた人が安定した働き手にまわることは、地域の担い手が増えることでもある。

もちろん、まずは当事者の思いに寄り添い、本人が望む支援を提供していくことが何より大切であり、豊中市がこのような支援体制を可能にしたのは、市独自に実態調査を行うことで、「ひきこもり」の状態にある人の実態を浮かび上がらせたこと、また地元の当事者会や我々のような団体とも連携し「当事者の声を聴く」ことで、従来型支援の問題点や、当事者や家族のニーズを的確に把握し、市の取り組みに反映させていったことが大きいのではないだろうか。

豊中モデルは、行政側が考える「支援ありき」ではなく、当事者が本当に必要としていることを把握し、行政、民間、企業、地域とも連携し、きめ細やかなサポートを可能とする理想的な支援体制だと感じている。

第四章

私はなぜ／どのようにひきこもったのか

ここまで、実態調査や活動のなかで見えてきたひきこもりの多様性や支援について述べてきた。私自身一〇代での不登校、二〇代でのひきこもり経験があり、「もう一度生きてみよう」と思えるようになるまでには二〇年という歳月が必要だった。ごく個人的な体験だが、これが私のUX（Unique eXperience）であり、当事者、経験者一人ひとりの個人的な体験こそが、もっとも普遍的かつ人に伝わるものではないかとも感じている。

なぜ私が不登校やひきこもりになったのか、その後どのようにして生きる力を取り戻していったのか、記憶を遡り綴ってみたい。私の体験の中に何か少しでも感じていただけることがあれば幸いだ。

1　「不登校」のない時代に

†〝良い子〟の転校生

私は会社員の父と専業主婦の母のもと、三姉妹の長女として東京都練馬区で生まれた。大手保険会社に勤めていた父には転勤が多く、二歳から北は宮城県石巻市、南は福岡県福岡市まで全国八ヵ所で暮らし、学校では常に転校生という子供時代だった。私たち姉妹には「故郷」と呼べる地はなく、懐かしい家族や友のいる「帰れる場所」というものもない。

子どもの頃は神奈川県相模原市の、団地のような大きな社宅で過ごし、幼稚園や学校から帰ると、ままごとや、缶蹴り、縄跳び、水風船など、毎日友達と夕方までよく遊んだ。一方で、頻繁に風邪をひいては学校を休んでもいて、運動会や遠足など、何かあると当日に熱を出し、せっかく熱心に練習したのに参加できないということもよくあった。今思えば、真面目に頑張りすぎるところがあり、当日までに疲れてしまったり、緊張で眠れなかったりする、やや神経質な子供だった。

小学一年からはピアノを習いはじめた。なんでも「やるからには一番になりなさい」という母のもと、毎日一時間の練習をかかさずしていたこともあり、比較的早く上達したように思う。そのうち、母の意向で音楽大学を目指すことになり、受験専門の講師につくようになった。母は毎回レッスンに同行して熱心にメモを取り、自宅での練習の際はピアノの横に立って手拍子でリズムを取った。教則本を一曲につき一〇回ずつ弾くようにと、おはじきを一〇個紙箱に入れ、一回終わったら、もう一つの箱に入れていくということもしていた。

小学五年生に上がる春、福井県福井市に引っ越した。転校生として、まったく違う環境に入っていく初めての経験だった。

新しい小学校の担任は男性教師で、子どもたちに「さん」や「君」をつけずに呼び捨てにするということにまず驚いた。初めての方言に接し、給食では「にぼし」と「肝油」が出たことも当時の私にとっては大きなカルチャーショックだった。にぼしをそのまま食べたことはなかったし、肝油というものの存在も初めて知り、ピンク色の錠剤のようなものを恐る恐る口にした。内心「これは大変なところに来てしまった」と思いながらも、比較的おとなしい子の多かったクラスメートや近所の子たちとも徐々になじんでいった。

中学一年にあがる春、今度は広島県福山市に引っ越すことになった。中学に入ると突然、なぜか私ではなく母が勉強に目覚め、通信教育の教材を調べたり、知らぬ間に塾に入れられたりするようになった。それまで宿題は忘れずにやってはいたが、塾に行くわけでもなく、特別成績が良かったわけでもなかった。それが突然、「予習、復習は必ずすること」と厳命され、毎日机に向かうようになった。

勉強に対する母の関心はその後も強まり、音楽大学に入れようと思うほど熱心だったピアノは、新しい先生が見つからないという理由でやめることになった。

†教師や親との距離

中学二年の春、香川県高松市に引っ越した。新しい中学ではまず髪を切ることを要求された。当時、男子は坊主刈り、女子はあごのラインまでという校則があり、長い髪をおさげにして通っていた私はそれもダメだと言われたのだ。なぜそれがダメなのかわからなかったし、福山の中学では白いソックスをのばして履くのが校則だったが、高松では三つ折りにするのが校則だと言われ、ずいぶん理不尽だなと感じた。それでもそれを誰に伝えるでもなく素直に従い、始業式のあとすぐに美容院へ行き、あごのラインで髪を切った。

新しい制服ができてきた頃、最初の理科の授業でショックなできごとがあった。理科の教師は大柄で酒焼けしたような浅黒く険しい顔をしていて、生徒たちから恐れられていた。体罰もひんぱんにあり、叩かれて耳の鼓膜が破れた生徒もいたという。お酒の匂いがするとの親たちからの苦情で別の中学に移る予定だったが保留となり、その年もこの中学に残ったということだった。その教師の初めての授業で質問を出されたのだが、前の中学で習わなかった内容だったことから「わかりません」と答えた。すると教師は近づきながら眼を大きく見開き「わからんだ?! おい、わからんとや? なぁ?! みんな聞いたか?!」と生徒たちに向かって大声を出した。教室の空気は固まり、誰も声を出せずにいる。私は転校生でそこは前の学校で習っていません、と言えば良かったのだが、とても声を出せるような雰囲気ではなく、恐怖で固まるしかなかった。

教師は「チッ」と舌打ちして離れ、その場はそれで済んだが、あまりのことに頭が真っ白になった。なんとかしなければまた怒られると思い、家に帰るなり机に向かった。一年生の教科書を見返してみると、学期の最後で時間がなかったのか、質問にあった単元だけ習わずにいたことがわかった。すぐに参考書も取り出し、習っていない単元を自力でマスターしようと必死で教科書を読んだ。そのかいあってか次の授業にはすんなりついていくことができ、その後再び怒鳴られることはなく、心からホッとした。

このとき両親には何も言わなかった。怒られたことで自尊心が傷つき誰にも言いたくなかった気もするし、言ったことで学校に伝わり目を付けられると困るとも思ったと思う。いずれにしろ、うちでは困ったときに両親に相談するという習慣はなく、転校することであった大小さまざまな困りごとにはすべて自分で対処してきたし、それは妹たちも同じだったと思う。

中学二年の担任は数学の教師で、厳しいながらも生徒思いの信頼のおける人だった。生徒たちは明るく活発な子が多く、クラスはいつも賑やかで、仲の良い友人もでき、楽しく学校生活を送っていた。そのなかで「高校は別の県での受験になるかもしれない。どこに行っても通用するようにまんべんなく点数をとること」との母の言葉もあり、真面目に勉強もしていた。

†荒れる中学が楽しい

中学三年になり受験生となったが、ここで大きな変化があった。

一九八〇年代当時、全国の中学校では校内暴力が広がり、私の通っていた中学も同様で、市内で一番荒れている学校と言われるようになっていた。リーゼントにほとんどない眉、長ランボンタンと呼ばれた裾を長くした詰襟に太いズボンを履いて、何も入らないほど薄くつぶしたカバンを持った生徒たちが校内を闊歩していた。女子は茶色に染めた髪にパーマをかけ化粧をし、上着の裾を短く詰めたセーラー服にくるぶしまで伸ばしたスカートを履いていた。タバコ、お酒、シンナー、廊下をバイクで走る、消火器を撒く、教師を閉め出す、殴りかかる、リンチ、エスケープなどが日常となり、ときには、生徒がタバコを吸いながら麻雀をするので、教室内が煙で見えなくなるようなこともあった。授業は教室の前の方でなんとかやっているような状況で、手に負えなくなった教師たちがストレスから休職したり、「用心棒」とあだ名された若い非常勤教師が見張りに立つようになったりと、校内は混乱のなかにあった。

だが、私は当時、日曜日がいらないと思うほど学校が楽しく、いつも友達と一緒にいたいと思っていた。

学校や教師、親に反発する生徒たちを見て、そういうことがある、そういうこともありなんだと（けっしてありではないが）、初めて知らない世界を見た気がしていた。大人の言うことを聞かない、イヤなことをイヤと言う、やってみたいと思うことをやる（やってはいけないことも含まれていたが）、そういうことが世の中にあることすら知らなかったという感覚だった。自分が同じことをしなくても、彼らと一緒に同じ空間で過ごすなかで、生まれて初めてのびのびと自分らしくいられるような気持ちになっていた。

私は転校生だったこともあると思うが、クラスの中がグループ化しても、比較的よくいるグループはあったにせよ、特定のところに所属することもなく、いつもなんとなくいくつかのグループを行ったり来たりしていた。中学三年のときも、真面目な子とも付き合ったが、ツッパリ、ヤンキーといわれる子たちとも仲は良かった。彼らの多くは心優しく思いやりがあった。それぞれの抱える事情に直接触れることなく、理解し、気遣うような面もあった。制服に手を加えることもなく、カバンは辞書で膨れていて、授業もきちんと聞いているような私に、何かしら悪さを実行するときには「来なくていい」と言った。成績に影響するし高校に入れなかったら困るからと言うのだ。それを素直に受け止めていた能天気な私にも、嫌がらせをするようなことはなかった。そんな環境は親や教師たちには許しがたいことだったろうが、私には自分の考えや思いを持ち、自分らしくいていいということを初めて体験させてくれた場だった。

そんな学校生活を続けながら、家では高校受験に向けて毎日机に向かっていた。希望していた高校があったが、当時の成績では五分五分だった。頑張ればなんとかと思うこともあったが、母から「落ちたら私立には行かせない。かりに私立に行っても転勤があったらカリキュラムが違うので別の高校には転校できない」と言われ、それなら万が一にも県立を落ちることはできないと安全圏を狙うことにした。このことはのちに大きな後悔として私の不登校、ひきこもりに長く影響することになる。

三月、無事に安全圏の県立高校に合格し、卒業式を迎えた。大荒れだった中学の卒業式は、学校が「お礼参り」を恐れて警察も同席するなか、慌ただしくあっという間に終わった。卒業してみんなと別れるのが猛烈に寂しく、どうして人は変わっていかなくてはいけないのだろうなどと、初めて無常観や孤独を感じていた。

†入学式での予感

入学した県立高校は新設の進学校で、大学合格がすべての目標のような学校だった。入学式で校長が「大学受験まであと一〇〇〇日」と言ったのを聞き、うっすらとイヤな予感がした。高校では一生の友達ができると聞いていたし、勉強だけでなく部活や文化祭、友達との交流なども楽しみにしていた。でも、ここは受験のための予備校なの？　と感じたのだ。

また、県内トップの学校に「追いつき、追い越せ」というのもスローガンとして掲げられていたが、そもそも入った時点で差があるのだし内心バカバカしいと思っていた。校則も厳しく、文化祭や体育祭なども、はじめは生徒同士で相談させるものの、結局はくつがえされ教師たちが決めたとおりにするという、管理され面白くもなんともないものだった。

はじめの頃は、そんな学校に不満を持つクラスメートもいて、互いに不満を言い合っていたが、その内に彼らは「あと二年我慢すれば卒業だから」とだんだん言葉にしなくなっていった。だが私は折り合いをつけることができず、日に日に学校や教師に対する疑問や不信感が募っていった。

†あらゆる身体症状

二年生になり進路を考え理系クラスに進級したが、ゴールデンウィーク明けに、なんとなく体調の悪い日が続くようになった。朝起きると頭痛がする、測ってみると微熱がある。その内に、吐き気がする、めまいがする、胃が痛い、眠れない、食べられない、体が鉛のように重く起きられない、肩こりがひどく盛り上がって見える、強い不安感など、あらゆる身体症状が出て学校に行くことができなくなり、自室にひきこもるようになった。

当時は自分が何か問題を抱えているという自覚はまったくなく、それは担任の教師も両親も同じだったので、体調が悪いことをとても心配した。病院をいくつも受診し、一週間の検査入院もした。でもどこも悪くないと言われる。そうこうしているうちに、体重は一〇キロ近く減り、家の中を這って歩くような状態になり休学した。

夏のある日の夕方、当時リビングに布団を敷いて寝ていた私は突然過呼吸の発作を起こした。息ができず体中がおかしな方向に曲がったまま硬直し、救急車で運ばれた。病院で注射と点滴を受け帰宅したが、その後も硬直は収まらず寝られないまま朝になった。このときのショックは大きく、毎年同じ日が来るとまた発作が起きるのではないかという恐怖に襲われるようになり、それはその後一〇年間続いた。

当時、ひどい肩こりと頭痛を軽減するために、週に一度病院の麻酔科で喉にブロック注射を受けていたが、ある日担当医から「内科の先生であなたのような一〇代の人を診ている先生がいるから会ってみたら」と言われ、その医師に会うことになった。

四〇代くらいのO医師は、当時まだ心療内科がほとんどなかった頃に、思春期・青年期のメンタルに問題を抱えていると思われる子どもたちの診察を、特別に病院の診療時間外に診ていたようだった。

母に連れられ病院に行くと、「ご本人だけどうぞ」と診察室に呼ばれた。最初にO医師に「お父さん、お母さんはどんな人?」と聞かれた。親をどう思うかと聞かれたことはそれまでなかったので新鮮な感覚がしたことを覚えている。なんと答えたのかよく覚えていないが、おそらく父については優しく、母については厳しいと答えたような気がする。その後、入れ替わりに母が呼ばれた。医師から「お母さん、今まで何してたの」と言われた母は、その言葉に強いショックを受け、その後医師や医療に強い不信感と抵抗を示すことになる。

だが、私にとっては初めて自分の気持ちというものを聴いてくれる人であり、徐々にO医師に信頼を置くようになっていった。過呼吸の発作を起こした翌日に憔悴しきって診察室に行くと、開口一番「大変だったね」と言われ、初めて診察室で泣いた。「泣けば済むと思うな」「泣くのはずるいこと」と言われ、特に人前で泣くことは恥ずかしいと思って育ってきた私には、泣いた自分にも驚いたし、また自分がつらかったんだと初めて理解した瞬間でもあった。

†「もうこの場にいることはできない」

O医師の診察を受けるうちに少しずつ体調が戻り、休学していた学校を春から再開することを考えはじめた頃、父の転勤が決まり福岡県福岡市に引っ越すことになった。三月に転勤先の福岡市の高校で編入試験を受け、一年遅れで復学することになった。

新しい高校に編入した初日、新たな環境で頑張ろうという気持ちの一方で、うっすらと憂鬱な気分でいた。編入試験の成績から、私が希望していた私立受験組ではなく、国立受験組のクラスに入れられていたのだ。面接の際にも、東京の私立大学への進学を希望していることを伝えたが、「学校の名誉のためにお願いしたい」というまったくわけのわからない理由で押し切られていたのだ。

やや憂鬱な気分で始業式に出た私は、まだ新しい制服ができておらず、前の学校の制服を着ていて、靴も転校先の学校の指定のものではなかった。そのとき、うしろから来た教師に突然「あなた、その靴、違反でしょ？　脱ぎなさい」と言われ、その場で靴と靴下を脱がされ、裸足で校庭の土の上に立たされた。「私は転校生でまだ準備が……」と言えばよかったのだが、突然のことで頭が真っ白になり慌てて従ってしまった。

少し落ち着くと、何も言えなかった自分に対して腹が立ち、理由も聞かずにそういうことをする教師に対しても強い怒りが湧いてきて、「ああ、もうなんかこれは違うしダメだ」と思い、その場で靴下と靴を履いた。

その後、教室の自分の席に着くと「もうこの場にいることはできない」と強く思った。

その思いは突然空から降ってきたようでもあり、心の底から湧き上がったようでもあり、自分でも戸惑ったが、「とにかくもう無理だし、このままここにいたら「私」がつぶされてしまう」ということははっきりとわかった。

†高校中退

たった一日学校に行ったその日を境に、良くなっていた身体の症状が全部ぶり返すということが起きた。自分でも何が起きているのかわからないし、どうしたらいいのかわからないけれど、とにかく気持ちの上では学校というところにはもう一日たりとも行かれないということは、自分の中ではっきりしていた。一方で当時の私にとって高校を中退するなどということはありえない、あってはならないことだった。「できるだけ良い大学に行き、できるだけ良い会社に就職する」、ということが当たり前すぎるほど当たり前で、それしか未来のイメージを持っていなかった私には、高校を辞めるということはイコール未来を失う、ということだった。

体調の悪さを抱えつつ、二つの思いに引き裂かれながら、でも「もう辞めるしかない。選択肢はそれしかない」と思い、「学校に行くことはできないから中退する」と両親に伝えた。両親は、一年遅れてはいるが、まさか高校を辞めるとは思っていなかったと思う。

まさに青天の霹靂だったのではないか。私自身もそうだった。それでももうどうしようもなかった。父は何も言わなかったが母は怒った。高校に行かずにどうするのかと、私の勉強机の物をすべて床に叩き落としたこともある。しかし結局あきらめた母に、「どうしても辞めるのなら、自分で退学届けを出しに行きなさい」と言われ、一日しか行かなかった高校に退学届けを出しに行った。

その日、私は制服ではなく、白いブラウスにチェックのプリーツスカート、紺色のブレザーを着て学校に向かった。校則や規則で生徒を縛らなくても、こういう恰好なら充分に「高校生らしい」だろう、という私なりの精いっぱいの抵抗、意思表示だった。

その頃から少しずつ、ずっと抱えてきたもののどこかぼんやりしていた学校や教師への違和感への自覚が始まっていった。

†青春期内科、入院

学校を辞めることに不安はあるものの、どこか解放感があったのも届けを出したその日だけで、その後の体調の悪さや精神的な落ち込みは激しかった。昼夜逆転したままほとんど眠ることも食事を取ることもできず、とにかく苦しく、誰か助けてほしいという気持ちだった。ときには不安感からひとりでいられず、夜中に母の布団にもぐりこむこともあった。

一九八〇年代前半、「不登校」という言葉はまだなく、「学校恐怖症」「学校嫌い」などと呼ばれ、「登校拒否」という言葉が少しずつ使われるようになっていた頃だった。理解者も相談できる場所や窓口も一切なく、「不登校」だという自覚すらなかった。

ある日母が、偶然テレビで観たという病院を私に伝えてきた。「青春期内科」というのがあるという。まだ福岡の街をまったく知らないままだったが、電車とバスを乗り継ぎ片道一時間半ほどかけて、海辺にあるその病院に一人で向かった。このままでは気が狂うのではないかと思っていたし、とにかく誰かに助けて欲しいと思っていた。

病院に着くと、はじめにソーシャルワーカーから事前面接を受けた。「よく一人で来たね」と言われ、普通は一人では来ないのかな、と思ったことを覚えている。今思うと、精神的にも肉体的にも憔悴しきっていた一七歳の女の子が、まだ慣れない町の行ったこともない遠くの病院まで来たのだからやはり驚かれたのだと思う。母は私たち姉妹を小学生の頃から一人で遠出させることがあり、「目と耳と口があるのだからわからなければ聞けばいい」と日頃から言っていた。

事前面接のあと、診察室に呼ばれた。入るなりM医師から「親元から離れて入院しないと治らないよ」と言われた。驚いたが、入院も退院も自分で決めるとのことだったので

「それはやめておきます」と伝えた。けれどその後も二週間に一度行くたびに「入院したら」と言われた。薬もかなりの量を出されていたが体調にも気分にも変化はなく、苦しいだけの日々が続いていた。毎回入院をすすめられるのでついに根負けし、一度入ってみようと決めた。

病棟には七〇名ほどの一〇代〜二〇代くらいの男女がいて、みんなで話し合いをしたり、裏は山、表は海という環境だったので、体力作りと称して山登りもしたりした。絵を描いたり、ソーシャルワーカーとの面談などもあったが、基本的にすべて参加は自由だった。病棟から通信制の高校に通っている人やアルバイトをする人もいて、退院したら多くは自宅には帰らず自立するとのことだった。

一方でひどく痩せて病棟をふらりふらりと歩く子や、喋りだすと止まらない子、薬を飲む飲まないで毎回看護師とトラブルになる子など、問題を抱え苦しんでいる様子を見ると、こちらもさらにつらくなった。

入院したものの、親との関係にのみ問題の根があるとの医師の考えや、大量に飲まされる薬にも違和感を感じ、やはり自分には合わないという気がして、結局二週間で退院した。通信制の高校と大検（大学入学資格検定試験。現在は「高校卒業程度認定試験」）というものがあると知り、そちらに挑戦しようとも思った。高校を中退したらもう終わりだと思っていたが、頑張れば大学に行けるかもしれない、そうすればみんなと同じまた「普通」になれる、元の道に戻れるかもしれないと思った。

†通信制高校編入学と大検

一八歳の春、通信制高校の三年生に編入学した。体調と精神状態の悪さは続いていたが、登校は月に二回のスクーリング時だけで、あとは自宅でのレポート作成だったのでなんとか続けることができた。

通信制の高校には当時一〇代はほとんどおらず、私がクラスで最年少だった。戦争で学校に行けなかった人や、子育てしながら高卒の資格を取るために通う准看護師、高卒資格がほしいというベテランのバスの運転手など大人がほとんどで、一〇代はクラスに二〜三人しかいなかった。父より年上の人が毎回一番前の席で一生懸命に学んでいる姿や、調理実習ではササッと料理を作ってくれるお母さんらと席を並べるなかで、世の中にはそれぞれの事情を持ったさまざまな人がいるのだということを初めて知った。誰も私の事情は聞かず、家で採れた果物を持ってきてくれたり、映画や美術館のチケットをくれたりと、あれこれと気にかけよくしてもらった。

また担任が音楽教師でシャンソン歌手としても活動しており、私はよく音楽室内にある教員室に呼ばれて手伝いをさせられていた。当時はいつも自分ばかりが呼ばれるなと不思議に思っていたが、今思うと気にかけ様子を見てくれていたのではないかと思う。クールでサバサバした教師は何も聞かず、いつも短時間の手伝いと少しの雑談をした。お茶とお菓子のある、やや窮屈で狭い教員室は、私にとって心休まる場となった。そんな環境に恵まれ、三年次に大検の科目をすべて取得し大学受験も可能になったが、もう一年卒業まで通うことに決めた。

それでも普段の生活は相変わらずで、昼夜逆転し寝るのは明け方、起きるのは午後二時や三時頃だった。薬をたくさん飲んでも効かず、一睡もできずに神経だけが研ぎ澄まされ、頭がグルグルと回っているような感覚が常だった。父は何も言わなかったが、母は一日中不機嫌にゴロゴロしている私とぶつかることも増え、パートに出るようになっていた。気分の良いときはたまに料理をすることもあったが、基本的には本を読むかテレビを見るか、寝るかの生活だった。

2　人とつながる

†大学も中退

一九八六年の春、心身の不調は治らず昼夜逆転生活も続きながらも、なんとか通信制高校を卒業し、東京の大学に進学することになった。だがそこも一ヵ月で行かれなくなった。

受験の際に東京にいなかったこともあり都内の交通事情を把握しておらず、電車を四本乗り継ぎ片道二時間かけて通わなくてはならない大学に入学していた。東京の朝のラッシュは殺人的で、体調のすぐれない私には通うことはとても無理だった。また人と交流することはおろか会話することさえ億劫でつらかった当時、同級生たちと交流しながら大学生活を送ることは到底無理だったと思う。

だが、ここで大学も中退したら本当に「未来を失う」、それだけは絶対に回避しなくてはと思い詰めた。毎日が「勝負」だと明日の決心をノートに記して布団に入るが、ほとんど眠れず朝には絶望的な気分が待っていた。不安と焦りが募り日に日に追い詰められていった。当時かかっていた精神科の医師には「そんなに真面目だからダメなんじゃないの」

と言われ、何もわかっていないと思い転院したこともあった。

結局、大学も中退することになった。「大学生の登校拒否など聞いたことがない」と言われた。絶望のどん底に叩き落とされるとはこのことだと思った。この先に続いていくと思っていた道が、つま先のところでスパンッ！　と切り落とされ、目の前には飲み込むような真っ暗闇が広がっていた。生きていてもしかたがないと思い、昼夜を問わずもがき苦しむ日々の始まりだった。

ほとんどを寝て過ごしていたある日、不登校の子供が集まる場があるという新聞記事を見た。当時、東京都北区東十条の雑居ビルで居場所を開いていた「東京シューレ」だった。東十条には母方の親戚の家があり、なじみがあった。不安はあったが思い切って電話をしてみるとスタッフだという男性が出た。新聞で記事を見たこと、学校に行かれないことなどを伝えると「今日あなたと同い年の男性が不登校の体験を話すから来てみたら」と言われた。「同い年？　二〇歳になる登校拒否の人が本当にいるの？」と驚いたが、これはなんとしても行かなければと思い、すぐに支度をして東十条に向かった。

†不登校経験者との出会い

東十条の駅から歩いて数分の建物の狭い階段を上がると、それほど広くない部屋に子どもたちがたくさんいて元気に遊んでいた。児童館のようなところという印象で、すでに二〇歳になっていた私には場違いだったかと少し不安に思いつつ、部屋に上がった。電話に出たスタッフが出迎えてくれ、今日話す人だとSさんという男性を紹介してくれた。しばらくして話を聞く時間になり、子どもたちと一緒に床に座り、小学校一年生から学校に行かなかったというSさんの話を聞いた。

同い年で小学校から学校に行っていない人と初めて会ったこと、堂々としていて、ユーモアを交えながら子どもにもわかりやすいように体験を話すSさんの姿は私には大きな衝撃だった。こんな人がこの世にいるのかと思った。

話の後、Sさんから「自分たちのようにすでに子どもではない人にも居場所が必要だと思い「レストスペース」という場を作った。他にも来る人がいるので良かったら来ませんか」と誘ってもらった。ぜひ行ってみたいと思い、数日後には渋谷にあったその場所に向かった。

当日、Sさんの他にKさんという男性も来ていて、彼も不登校経験者だった。三人でこれまでのこと、不登校に関すること、普段思っている学校や教育に関する疑問などを時間を忘れて語り合った。どちらかといえば、私が一人で喋り聞いてもらっていたかもしれない。そのとき彼らから「あなたの考えていることは何も間違っていない。そのままでまったく問題がない」ということを言われた。

そのときの強烈な心身の変化は今でもよく覚えている。目の前が一気に開け、身体にへばりついていた大きな鎧が溶けて流れ落ちていくようだった。深く深呼吸をするとこれまで息ができていなかったことにも気付いた。

信じられない思いで帰途についた。話が通じた、わかってもらえたという喜びと感激で足が床につかないまま歩いているような気がした。

その日を境に通院を止め、大量に飲んでいた薬も一錠も飲まなくなった。

その後しばらくは、「レストスペース」に行ったり、東大の赤レンガの建物内に新しくできた不登校経験のある一〇代〜二〇代の人が集まる場に参加したりと、元気を取り戻したように感じていた。しかし徐々に先の見えない不安や恐れから、再び心身の不調を感じるようになっていった。

†アルバイトを始める

大学を中退して一年ほど経ったある日、母から「学校に行かないなら働きなさい」と言われ、おこづかいというものを止められた。なんとか働かないといけないと思い求人広告を見るようになった。自分ができそうな仕事は何もないように思え広告を見るだけで動悸がし冷や汗をかくような状態だったが、なんとか近所の進学塾での事務のサポートと、小学生の算数の講師のアルバイトを見つけ、勤めることになった。

塾を選んだのは出勤が午後だったからだ。昼夜逆転は続いていたので、その後も音楽教室やデパートのバックヤードのアルバイトなどもしたが、すべて午後、もしくは夕方からの出勤で週に三〜四日、一日四時間ほどの短時間だった。

その時間帯で良いからバイトをしようと思ったのは、その頃知り合ったある支援者の人が、「仕事は夕方でも夜でもある。朝起きなければ仕事に就けない、生きていけないということはない」と言うのを聞いて、なるほどと思ったのも大きかった。

一方で、「このままではちゃんとした大人になれない」「ここで自分は何をやっているのだろう」という不安、「みんな先に行き取り残される」という焦りや未来への恐怖が年齢を重ねるごとに増していった。同年代の女性を見るとみんなが眩しく見えて、いつも目を背けていた。

体調も悪く、半日外出すると三日寝込むような状態が続き、通院を止めてから一年ほどして再び精神科にかかり服薬するようになった。たまの外出も、急行電車には不安が強く乗れないので各駅停車を使い、気分が悪くなったらすぐに降りられるようにしていた。車内で立っているのがつらいので、数本やり過ごしたり、遠回りして始発駅から乗ることもあった。薬はもちろん、飴、ガム、アロマオイル、耳栓、水の入った水筒など、外出先で役立ちそうな物はすべて持ち、日々あらゆる工夫をしないと過ごしていけないようになっていた。

電車やバスに揺られながら、いつも「このまま事故に遭って死んでもかまわないな」と思っていた。たまに都心に出てひしめく人達を見ると、その全員を機関銃で撃ち倒す光景も浮かんだ。誰のことも恨んでいなかったし死んでほしいと思っていたわけでもない。ただ、目に映るすべてのものが消えてなくなればいいという気持ちだった。

†カウンセリングを受けたい

二〇代も中盤になった。病院では薬をもらうだけで、他に相談できる場所も、わかってくれる人も、自分に何が起こっているのか説明してくれる人もいない。こんなことになってしまったのはなぜなのか、一体何が悪かったのか、この先どうやって生きていったらいいのかと、出口のない問いに向かい続けていた。頭の中は常に高速で回転している一方、二四時間川の流れに逆らって立っているようで、一瞬でも踏ん張りを解いたら恐ろしい場所に流されるような気がして毎日クタクタだった。「こんなダメな人間は世界中探してもどこにもいない」と思っていた。

毎回五分診療で、薬だけ飲んでいても何も解決しないと思った私は、主治医に「カウンセリングを受けたい」と伝えた。自分と向き合い、何が問題なのか、どうしていったら良いのか考えたいと思ったのだ。主治医は「カウンセリングは人によって合う合わないがある。良いことばかりではないから、イヤだと思ったらすぐにやめなさい」と言いつつ、院内の臨床心理士に繋いでくれた。

その頃、私は母との関係に問題を抱えていると気づきはじめてもいて、新しく会うようになった心理士にそのことを伝えるようになっていった。

3 自分と向き合う

†母との関係

不登校や私の生きづらさの原因のひとつに母との関係があると思いはじめたのは二〇代に入ってからだった。心理学や精神医学系、家族関係についての本を片っ端から読み、次第に母の強いコントロールのもと、自分を押し殺してきたことに気づきはじめた。

思えば、子どもの頃に毎週欠かさず観ていた米国のドラマ「大草原の小さな家」に出てくる母親がとても優しく温かで、それがいつも不思議だった。「お母さんというのはああいうものなのだろうか。うちは違うみたいだけどなぜなんだろう」という違和感がずっと私の中にあったが、それがなぜなのかわからなかった。

職人で江戸っ子の父親と内職をする母親のもと、八人兄弟の末から二番目に生まれた母は、幼い頃から活発で、たびたび母親から二尺ざしで叩かれては窓から逃げるような子どもだったそうだ。大人になり、会社員になってからも土曜日の午後から日本アルプスに登り、そのまま月曜日に出勤するほどの体力の持ち主で、その母と比べて「だらしがない」と言われる私たち姉妹の生活は、なかなか厳しいものがあった。

しつけや勉強、習い事にも大変厳しい人で、特に長女の私に対しては厳しかったと思う。「私の言うことを聞いていれば間違いはない」というのが母の口癖で、私はどちらかというと素直で従順な子どもだったので、母の言うことはすべて丸呑みするように育っていた。反抗期もなかったし、口答えなど考えたこともなかった。

母には学歴や肩書き、成果など目に見えるものが大事というところがあり、ひきこもっているときも「理想を言っても、霞を食べて生きることはできないんだから、働くしかない」「あれこれ考えたってしょうがない」とよく言われていた。母には母の考えがあり、そのやり方で生きてきたわけで否定することはできないが、少なくとも私とは違っていると感じていた。

†「私には自分がない」

ある日、「私には自分がない」ということに気づいた瞬間があった。自分が普段何を考え、何を感じていて、好き嫌いや、何を選び、どうしたいかと聞かれたときに何も答えられることがない、と思ったのだ。自分がどう思うか、どうしたいかよりも、母の言うことを完璧にこなすことが日常で、「私」はどこにもないと思った。それに気付いたとき、自分が立っていたと思っていた土台が足元から崩れ落ち、どこまでも底のない暗闇に落ちていくような感覚に襲われ、強い恐怖を感じた。

それまでは自分が違和感を感じていることがあっても、言ったところで母の言うとおりにするしかなく、自分の思いを確認することも考えることもなかった。「私はあやつり人形だったんだ」と思った。あやつり人形だった私は、不登校をした途端、吊っていた糸を突然手放され、ガシャン！ と床にくずおれた。そしてそのまま起き上がる術を持たず不恰好に倒れたままの自分の姿が浮かんだ。

その後、記憶していたつもりもなくそれまで思い出すこともなかったのに、母に言われたりされてきた理不尽なことが次々と頭に浮かぶようになった。嫌だけど拒否できなかったことや、自由に振舞うと「調子に乗るんじゃない！」と抑え込まれたことなど、まるでパンドラの箱を開けたかのようにそれは溢れ出てきた。

そのときの怒りの吹き出し方は尋常ではなく、心の底からマグマが吹き上げるような怒りとして湧き出し、それを母にぶつけるようになった。

特に大きかったのが高校受験のことだった。先述したとおり、高校受験は母の「落ちたら私立には行かせない」という言葉で決めた。実際に滑り止めの私立高校に合格したときに母は入学金を入れず、父から「せっかく受かったんだから入れてやれ」という一言で入金してはくれたものの、行かせるつもりはなかったようだ。本当なら「私立に行っても良いから思い切って志望校を受験してみたら」と言ってほしかったのだと思う。

のちに母は「そうやって発破をかけたほうが奮起すると思った」と言ったが、私の性格を把握していたならあり得ないことだ。希望とは違う学校に進学し、そこで不登校になった私は、当時それを母のせいだと思ってしまった。そのことで人生が狂い、こんなひどいことになってしまったと思った私の怒りはとても大きかった。

母にしてみれば、今まで従順だった娘がいきなり反逆しはじめたので驚いたと思う。しかし、母は私に責められたところでめげて反省するようなタイプではなく、激しいバトルが続くようになった。私が泣きながら訴えても母は受け入れず、呆れ、怒鳴り、嘲笑し、明け方まで言い争うこともあった。

✝家族との軋轢

また、祖母や父を巻き込んでの軋轢もあった。家族で東京に戻り父方の祖母と同居するようになってから、例にもれず嫁と姑のいざこざが起きるようになった。性格も価値観も違う二人は合わず、特に母は祖母のやることなすこと気に入らず、祖母に対する文句や愚痴が止まらない。その頃、母との関係が悪くなっていた父のことも合わせ、毎日のように母の愚痴を聞かされていた私は、自分のことを「ゴミ箱」なんだなと思っていた。「母も大変だから、誰かが聞いてあげなきゃいけないんだ」と思っていたのだ。でも、吐き出す母は多少スッキリするかもしれないが、私はネガティブな言葉を浴び続けるので、そのたびに具合が悪くなった。それで明け方まで寝られず、翌日バイトを休んでしまうこともよくあった。

どうしても我慢できず母に「愚痴や文句は聞きたくない」と言うと、「これは愚痴じゃない。本当のことを言っているだけだ」と返ってくる。「ひとりごとだから聞かなきゃいい」と言うこともあった。愚痴ばかり言う人の多くはその自覚がなく、相手に負担をかけていることに気づかないのではないだろうか。愚痴を言っている自覚がある人は「聞いてくれてありがとう」とか「聞いてもらってスッキリした」「ごめんね、こんな話して」などと言うように思う。特に愚痴の相手が我が子だと、子は嫌がったり聞きたくないと言ったりできないことも多く、ますます遠慮なくはけ口にすることがあるのではないだろうか。

そのうちに、私と祖母との関係にも変化が起きた。祖母の顔をまともに見られなくなり、ろくに話もできなくなったのだ。母の愚痴を聞いているうちに、悪いのは古い価値観を持つ祖母で、母の味方をしなくてはいけないと思うようになっていた。そのことがどこかおかしいと気づきつつも、祖母に対する冷たい態度を変えることができなかった。

そんな私の態度に当然祖母は気づいていたが何も言わなかった。時折会話があるときには、「大丈夫、若いんだから」「無理しなくていいんだよ、少しずつやればいいんだからね」「物事はいいほうにいいほうに考えるんだよ」といつも温かく前向きな言葉をかけてくれていた。

祖母が亡くなった今でもあの頃のことは罪悪感として心に残っている。いつかあの世で祖母に会えたら真っ先に「あのときはごめんね」と謝りたいと思っている。

†あきらめるということ

母との関係に問題があるということは、私にとっては大きな気づきだった。どうしても乗り越えないといけないことだった。その頃、ある人から「親は捨てなきゃだめだよ、絶対に変わらないから。自分はもう親の葬式のときしか帰らないと思う」と言われた。他の同じような経験をした人たちにもそういう人はいたが、私にはそれはできないと思った。どんなにぶつかったとしても、母にわかってほしいという気持ちがあったし、嫌っているわけでもない。家族を切るということはできないし、私の望む方向とは違うと思った。

とはいえ、他にどうすれば良いかもわからないまま七〜八年ほどバトルを続けたある日、突然一つの答えにぶつかった。

「この人は本当にわからないんだ……」

考えてみれば、母には母の考えや感じ方があり、私とは育ってきた時代も環境も違うのだから、わかり合えなくても仕方がない。親子だからわかり合えるはずだし、わかってほしいと思っていたけれど、それは無理なんだ、とようやく気づいたのだ。もともと別の人格を持った人間同士なのだからそれでいいのだと。

のちにある親御さんから「あきらめるというのは「あきらかに見極める」ということよ。良かったわね」と言われ、腑に落ちた。

それからは母にわかってわかってと要求するのはやめて、本当に自分の人生を、これからのことを考えていかなくてはいけないと思うようになった。母も私から責められることがなくなったので少しホッとしたように、肩の力が抜けたように見えた。

†学校への違和感

私の不登校、ひきこもりには母との関係の他にもう一つ大きな理由があったと思っている。いつも転校生ではあったものの、比較的慣れるのも早く、友だちともうまくやれていたし教師とのトラブルもなかった。だが、当時の地方の公立中学・高校は校則が厳しく、制服はもちろん、靴、靴下、サブバッグの指定、自転車通学は全員ヘルメット、頭髪や持ち物の検査ももちろんあった。違和感を感じていたが、教師に聞いてもただ「校則だから」と納得のいく説明はなかった。

当時は、校内暴力があり生徒たちも荒れていたが、教師の体罰も当たり前にあった。竹刀で叩く教師もいたし、「気取っている」という理由でいきなり女子生徒の机を蹴ったりしたが、そのことを諫める同僚の教師も親もいない。「これはいったい何なんだ」と思った。学校の外でよその子をいきなり殴ったら捕まるはずなのに、学校の中でなら何をやってもいいのかと、日に日に学校や教師への疑問を感じるようになった。校則も大人にとって都合の良い、生徒を縛るだけの理不尽なものだと思っていた。

高校に入ったらもう少し自由にやれると思っていた。だが入った高校も細かい校則で縛り、生徒たちの意思の尊重よりも教師に従うことが優先されていた。

学校や教師に対するいくつもの違和感が積み重なっていたが、「何か変だな」と感じても「そう思う私がおかしいのかもしれない」とも思っていた。その違和感を誰に言ったらいいのか、そもそも言って良いことなのかどうかもわからなかった。気持ちを強く抑え込んでいたと思う。母も管理的なことには抵抗するタイプの人だったので一度話をしたことがあるが、「立ち上がって学校を変えればいい」と言われ、「そんなことができれば苦労はしない」と思い言わなくなった。

徐々に「管理されている」という気持ちが積み重なり、自分の中で折り合いがつかなくなったのだと思う。身体が先に抵抗を始め、学校に行けなくなったのではないかと思っている。

そのことに気づいてから三〇代に入る頃まで、「管理」という言葉が怖くなり、言ったり書いたりすることができなくなった時期がある。また、当時よく読まれていた『窓ぎわのトットちゃん』を手元に置きながら、私もトモエ学園に行きたかった、こんな学校なら良かったと一日中考えることもあった。

二〇代の後半に入り、臨床心理士からカウンセリングを受けるようになり、毎回母との諍《いさか》いや止まることのない自己否定、将来への不安、焦りについて話していた。だが状況は改善せず、むしろ悪化するようになっていた。生まれてきた時代と場所を間違えたという気持ちが強く、本気で尼になりたいとあちこちの修道院を調べたりもしていた。そしてついに限界が来た。

†再びひきこもる

二七歳のある日、アルバイトに行こうと玄関まで行ったがそこで立ち上がれなくなった。そしてそのまま、再び自宅にひきこもるようになった。アルバイトも辞め、ほとんどの時間を布団の中で過ごすようになった。お風呂にも入らず、顔も洗わず、歯ブラシさえ重くて持てないような気がしていた。

不登校になってからの一一年間、このままじゃいけない、なんとかして生きていかなくちゃいけないと、自分なりにできる限りのことはしてきたつもりだった。図書館では読む本がなくなると思うくらい借りて読んだし、「この人は」と思う人の講演会にも行った。病院に通いカウンセリングも受けた。でも救ってくれる言葉や人とは出会えず、絶望の淵にどんどん下りていって、ついに底をついた、万策尽きた、という思いだった。もう自分は、ただ転がってわずかな食べ物を口にし排泄するだけの肉の塊であり、生きていてもなんの役にも立たないと思った。

それまでは、死んでもいいと思うことはあっても、死にたいと思うことはなかった。それよりもなんとかしなくてはという気持ちのほうが大きかった。でもこのとき初めて、「死にたくはないけれど、こんなダメな人間が生きていける場所はこの世界にはないだろうから、もう死ぬしかないんだ」と思った。自室にこもり自己否定を繰り返す堂々巡りが延々と続いた。

ある日もう限界だと思った私は、当時米国への留学のために休業した臨床心理士から、一年という期限付きで担当が変わっていたI医師に「これ以上やっていけないから、もう（生きるのを）終わりにしたいと思います」と伝えた。するとI医師は「やってみたらいいですね」と言った。そして「でも、本当のあなたはあなたの奥のほうに眠っているだろうから、そのあなたまでいなくなるのは残念ですね」と言った。

その、思いとどまるよう説得されるでも励まされるでもなく、淡々と言った主治医の言葉を、とても静かな気持ちで聞いていた。あとになって思ったが、死にたいという気持ちを否定されなかったことは、あのときの自分にとってありがたいことだった。

自宅に戻り、ベッドに横たわりながら、具体的にどういう方法があるかと考えた。また同時に、そのとき強く思っていたのは「もう誰からも傷つけられたくないし、誰のことも傷つけたくない」ということだった。それが一番怖いことだった。「でも、もしこれからも生きていくのであれば、それは絶対に避けられない。ならば、それを今、自分が引き受けられないのなら、やはり本当に終わりにしよう」とも思っていた。

†ただ、生きる

気持ちが行ったり来たりしていた。そして、実行に移さぬまま一〜二カ月ほど経ったある日、ふと目の前に映像のようなものが浮かんだ。自分のつま先が見えて、そのつま先の前には二つの道がある。一方の道は「生」、もう一方の道は「死」に続いている。そして、なぜか自分のつま先はほんの少しだけ「生」のほうを向いていた。そのままその映像のようなものを見ながらまた数日もしくは数週間が経った。

そして思った。自分は今、生きるとか死ぬということを自分の意志で決められるような気でいるけれど、そうではないのではないか。頭や心では「死ぬしかない」ということを確信しているけれど、身体（肉体）は生きようとしているのではないか。人は必ずいつか死ぬ。であるならばそのときが来るまで、もう何のために生きるのか、とか、何かの役に立たなければならないなどとは考えずに、道端の植物や野生動物のようにただの「生物」として、いつか来る終わりの時までただ生きればいいのではないか。

そしてさらに数週間が経った頃、「どうやら自分は生きる方を選んだようだな」と思った。それは「もう一回生きていこう」とか「がんばろう」とか、「傷つくことも引き受けよう」とかそういう前向きな気持ちになったわけではなく、自分の意志とは関係ないところで、身体が勝手に生きるほうを向いたという感覚だった。

そのときの気持ちは現在も続いていて、今も私は生きる意味とか誰かのため、何かのために、とはあまり思っていない。ただ、やってくるあれこれを、味わえばいいのではないかと思っている。

しばらくして、生きるならこのままでいるわけにもいかないし、働かないとお金もないしと思い、外に出ていくことにした。二七歳で再びひきこもってから、丸二年が経過していた。

恐怖と息苦しさのなかで

まずはアルバイトをと思ったが、いきなりでは無理があると思い、短時間かつ短期間、また昼夜逆転は続いていたので、午後か夕方からのものを探した。比較的早く見つかった夕方一六時から四時間という短期の仕事をなんとか終えると、そのまま残らないかと声をかけてもらったので、引き続き同じ時間帯で続けることにした。

しかし、生きていくことを選択し、アルバイトを始めたからといって、私の生きづらさや将来の見えなさ、自己否定感は一ミリも減ることはなく、問題は何も解決していなかった。相変わらず起き上がるまでに三〇分近くかかり、なんども自分を鼓舞しなければ出かけることができない。起きたはいいが座ったまま動けずアルバイトを休むこともしばしばだった。このときは一駅ではあったが電車通勤だった。だが、未来のことを考えることが怖いので定期券を買うことができず、回数券を買っていた。そして、それすらも回数券がなくなるまでは通わなくてはいけないと思うと息苦しさと恐怖を感じていた。

「こんなことをしていて何になる」「このまま短時間のアルバイトをしていても自立できるわけではない」と思いながら仕事に行くのは本当につらく、たった数時間のアルバイトでも帰るとぐったりして休日は何もできない日々だった。

4　二つの転機

†自分だけじゃないかもしれない

一九九七年、三一歳のとき、朝日新聞で「人と生きたい——引きこもる若者たち」という連載が始まった。この連載で私は初めて「ひきこもり」という言葉を知り、「これは自分のことだ」と思った。自分が不登校をしたことはすでに理解していたが、学齢期を過ぎ、学校からも離れているのにこの生きづらさはなんなのかとずっとわからずにいた。自分が「ひきこもり」だったのだと理解し名付けられたことで、かすかに光が見えるような気がした。この言葉を手掛かりにどう動けばいいかわかるかもしれないと思ったのだ。

連載を執筆している記者（当時）の塩倉裕《しおくらゆたか》氏に手紙を書いた。自分がひきこもりであること、それがわかってホッとしたこと、自分だけじゃないかもしれないと思えたことなどを書いて送ると、記者から電話がかかってきた。私の声を紙面に掲載してもいいかという問い合わせだった。結局紙面に載ることはなかったが、その後塩倉氏が連載をまとめた『引きこもる若者たち』の出版記念イベントがあるという知らせを受け参加した。

出版記念イベントの最後に、塩倉氏から「せっかく集まったのだから周りの人に声をかけ、家族会やグループを作ってみてはどうでしょう」という呼びかけがあった。思い切って隣に座っていた同年代かと思われる女性に声をかけてみたところ、彼女も当事者で、しかも自宅がすぐ近所という偶然もあり、一緒に帰ることになった。

それが、「ひきこもり界隈」への関わりの始まりだった。

†「ひきこもりについて考える会」

その彼女から都内で「ひきこもりについて考える会」というものが開催されていると聞いた。ぜひ参加してみたらと言われ、一九九九年一一月、初めて会に参加してみた。「ひきこもりについて考える会」は、一九九九年八月にひきこもりの息子さんがいるOさんが立ち上げた会で、不登校やひきこもりの当事者・経験者、家族、支援者、研究者、メディア関係者などが集まり、ひきこもりについてさまざまな意見を交換する場だった。当時はまだひきこもりの相談窓口や支援団体などはほとんどなく、そもそもひきこもりがなんであるかも誰もわからないような状況だった。そんななか、テーマを設定し、ひきこもりって何だろう、どんな状況や思いがあるのだろう、と参加者が対等な立場で話し合いをする場だった。

初参加の日はひきこもりの当事者や親、関心のある人など十数名が参加していた。その場で、ようやく自分と同じような経験をした当事者・経験者と出会えた私は「ひとりじゃなかったんだ。同じような思いを抱えた人がこんなにいたんだ」と思った。こんなバカなことをしているのは世界中で自分一人だけだと思っていたが、そう思うこともみな同じだった。「ひとりじゃなかった」と思えたことは、私にとってとても大きかった。

また、参加者のなかには、ひきこもり当事者だけでなく、性的マイノリティの当事者やホームレスの方を支援する人、病を抱える人、個々の事情から若くして生活保護や障害年金を受けて暮らす人など、さまざまな人たちがいた。世の中には本当にいろいろな人がいて、いろいろな生き方があり、どんな生き方をしてもいいし、どんな働き方をしてもいいのだ、ということを実感を持って知ることができるようになった。

また、「考える会」ではゲストを呼ぶこともたびたびあり、精神科医の斎藤環さんや教育評論家の芹沢俊介《せりざわしゅんすけ》さん、哲学者で当時大阪府立大の教授だった森岡正博《もりおかまさひろ》さんなども参加してくださり、当事者たちとも活発なやりとりが行われた。

それからは毎月休まずに参加するようになった。しばらくすると会の始まる前には主宰者のOさんと、会の運営を支えていたNさんと三人でランチをしながらひきこもりについてさまざまに語り合い、そこから会場に向かうようにもなった。

二〇〇一年六月、考える会と並行して、Oさんが自宅近くにアパートの一室を借り「スペース1（ワン）」と名付けたフリースペースを始めた。当事者たちやOさんNさんらが集い、ただ話すだけのこともあれば飲み会をすることもあり、英語に堪能なOさんの夫が英語塾を開いたり、パソコン勉強会をやることもあった。また「ビデオを撮ろう製作委員会」と名付け、映画学校の生徒さんに協力してもらい、ハンディカメラを使ってそれぞれが数分の映像作品を作ったこともあった。

一年後の二〇〇二年からは、文章を書くことが得意な当事者も多かったことから、『クラヴェリナ』というミニコミを発行するようになり、少しずつできてきたひきこもり関係の集まりなどで販売することもあった。当事者たちはそれぞれのペースでやりたいことに関わり、興味のないことには関わらず、自分らしくいられる安全基地のような場所だった。その後スペース1は、Oさんが運営していた「考える会」の終了にともない閉じたが、ゆるく温かくのんびりとした雰囲気があったあのスペースは、参加していた当事者たちにとって、心からホッとできる場であったと思う。

　また、考える会の参加者で社会的な活動をしているカップルの自宅に、Oさんと当事者たちが仕事の手伝いに行くこともあった。それぞれができることを少しずつ担当し、時給を貰う。一緒にご飯を作りみんなで食べるなど、それまであまりしたことがなかったことも経験させてもらった。

「考える会」にはメディアの人もよく参加していて、テレビや新聞の取材依頼がくることもあった。そのなかで二〇〇〇年に出版されたブックマン社の『私がひきこもった理由』では、私もインタビューを受けた。小さなライブハウスで行われた出版記念イベントでは、同じくインタビューが掲載されていた現在「ひきこもり名人」として活動する勝山実《かつやまみのる》さんと、斎藤環さん、山登敬之《やまとひろゆき》さんと一緒に登壇した。この頃から少しずつ自分の体験を相対化し、また人前で話す機会を持つようになっていった。

「考える会」を通じ、さまざまな人と出会い多くの経験をさせてもらった。特にOさんとNさんには、三〇代に入りながら他人との関わり方がよくわかっていなかったような私は本当にお世話になった。二人の存在なくして、私のひきこもり状態からの一歩はなかったと思う。

現在「考える会」は主宰者を数名のスタッフ制に移行し、「新ひきこもりについて考える会」として都内で定期的に開催している。

また、二〇〇四年一二月からは「考える会」から派生した「新ひきこもりについて考える会・読書会」が横浜で始まり、こちらも数名のスタッフ制で運営している。私ものちに横浜で暮らすようになってから参加するようになった。

読書会は毎回一冊のテキストを選び、それを読んでくることだけがルールだ。テキストの感想やそこから考えたことなどをもとに意見交換する。テキストは本のことが多いが、論文や新聞、週刊誌の記事など、不登校とひきこもりに関することならなんでも取り上げている。ときには著者の方にもお越しいただき、内容についてさらに深く聞いたり、参加者の意見を伝えたりすることもある。これまでに一三〇回以上開催してきた。

「考える会」と「読書会」との出会いは私にとって本当に大きいものだった。当事者や経験者と思いを分かちあうこと、また親というのはこんなにも子どものことを思うものなのだということに気付くこと。さまざまな生き方をしている人や、考えの違う人たちとも出会い、語り合うなかで心からの安堵を得た私は、薄皮をはぐように、重荷をひとつずつ下ろすように、徐々に心と身体が楽になっていった。

†八人目の主治医

前節に登場したＩ医師との出会いは、私にとってもう一つの大きな転機だった。一九九三年、私が二七歳のときのことだ。八人目の主治医となるＩ医師との出会いは偶然で、先述したとおり、それまでカウンセリングを受けていた臨床心理士が海外に留学することになり、戻るまでの一年間だけということで当初は期間限定のものだった。当時、生きていくことの辛さに耐えられず、底まで落ちていく途中にいた私にとって、臨床心理士の不在はさらに大きな不安を抱えることでありかなり堪えていた。Ｉ医師と最初に会った頃は、相手は誰でもよく、とりあえず薬さえ出してくれればいいと思っていた。

カウンセリングを受けはじめて半年ほど経った頃、Ｉ医師が「ようやくあなたのことがわかってきました」と言った。その言葉に驚いた私は初めてまともにＩ医師に顔を向けた。私のことを理解するのに半年かかったんだ……、と思ったとき「この人はこれまでと違うかもしれない」と思った。

それまで七人の精神科医、心療内科医、臨床心理士などは、いずれも会って一〜二度で私のことを診たて何かしらの判断をしているような気がしていた。それは私の思い違いかもしれないし、話をきちんと聞いてくれた人も多かったが、どこかで心からは信頼できておらず、結果として私に変化が起きなかったのではないかと思う。

I医師を、もしかしたら信頼できる人かもしれないと感じた私は、初めて、自分が本当に思っていること、学校の校則について訴えても「そんなの一〜二年我慢すればいいんだから」とやり過ごすことを勧められることや、親との関係について、新聞やテレビで見ておかしいと感じることについて話してみた。それまで「みんなできているのだから、できないほうがおかしい」とか、「わかるけど、そんなことを言っていたら社会は回らない」「常識はそうじゃない」などと言われてきたことから、自分の本心を誰にも言わなくなっていたし、伝わらないのだと思っていた。

また否定されるかもと思うと不安も大きかったが、ある日勇気をふり絞って伝えると、I医師は「生き物としてはあなたの考えのほうが正しいのでは」と言った。思いがけない言葉に驚きつつ、「言葉が通じた……」と思った。

その頃、あまりに誰とも言葉が通じないので、同じ言語を使っているはずなのになぜなんだろうと思っていた。ようやく言葉が通じる人がいたと思った私は、その後も本当に大切なのはこっちなのではないかと思いつつ、言えば怒られそうなこと、だけれど自分にとっては大切だと思うことを伝えるようになった。

I医師はまた、「原始時代のことを考えたら、今のほうがおかしいんじゃないか」というような話や、「詩は暗号だからわかる人にはわかる。詩を読んだらいい」とすすめてくれたりもした。音楽や映画、美術や本などを支えにしてきた私にとっては、I医師がそういったことにも造詣が深い人だったこともありがたいことだった。

それまでの医師や臨床心理士も、私の話は否定せずに受け入れてくれていた。「傾聴」してくれていたと思う。でもI医師が他の人たちと違ったのは、I医師自身が本当にそう考えていて、そういう生き方をしている人だと感じたからだと思う。返答に〝本物〟を感じた。

結局、一年という期限付きだったI医師とのカウンセリングは、もう少しこのまま続けたいという私の希望を受け入れてもらい、そのまま継続することになった。そして対話を続けるうちに、からっぽになっていた心のエネルギーが地下水を汲み上げるかのように貯まってくるのを感じるようになった。

のちにI医師も欧州に留学をすることになり一年間受診できない時期があった。支えがないことを不安に思いつらい一年だったが、その間に「ひきこもりについて考える会」との出会いがあり、自分なりに工夫しながら日々を過ごすなかでかえって鍛えられた時期だったと思う。そして留学から戻ってきたI医師はさらに自由で大きな雰囲気を纏い、自分らしく生きることの大切さをその姿から伝えてくれた。

「ひきこもりについて考える会」とI医師との出会いを経て、三〇代後半に入ってまもなく、「もしかしたら私でもこの社会の隙間でなら生きていくことができるかもしれない」と思えるようになっていた。一六歳で不登校をしてから、二〇年が経っていた。

親元を離れて

二〇〇二年、「ひきこもりについて考える会」で知り合った精神科医のS医師が神奈川県内の不登校・ひきこもりの親の会のネットワークを作ろうと「ヒッキーネット」を立ち上げた。同年六月に「ヒッキーネット結成記念講演会」を開催し、私を含む二名のひきこもり経験者とソーシャルワーカー、S医師が登壇し、約三五〇名が来場した。当時、ひきこもりの支援といえるものはほとんどなく、家族も当事者も何が起きているのか、どこに相談したら良いのかもわからない状況だった。ひきこもりの講演会など皆無であり、情報を欲していた家族や当事者が殺到したような状況だった。

その後、横浜市内で開業するS医師から「クリニックの事務の人が辞めるので来てみないか」と誘われ、思い切って親元を出ることになった。最初は慣れずに苦労したものの、不登校やひきこもりに共感と理解があるS医師や、気持ちの優しい穏やかな同僚たちにも恵まれ、次第に新しい生活に慣れていった。また、不登校やひきこもりの子を持ち、長年親の会を開いてきたヒッキーネットのメンバー達も、さまざまな形で新しい暮らしのサポートをしてくれた。横浜という開放的で明るい土地柄も私に合っていたようで、心身の状態も少しずつ良くなっていった。

クリニックで仕事をしつつ、「ヒッキーネット」や、院内の親の会「COCOサロン」、ひきこもり当事者の居場所「峠の茶屋」などにも参加するようになり、ときどき親の会などに呼ばれて体験談を話すようにもなった。先述した「読書会」にも参加するようになり、不登校やひきこもりについてさらに深く関わるようになっていった。

†当事者発信開始

そのうちに、どうもひきこもりについて語っているのは当事者ではなく、専門家や有識者、支援者ばかりではないかと思うようになった。もっと当事者の声を伝えていく必要があるのではないかと思い、不登校・ひきこもりの経験者であり、現在は藤沢市で相談員をしているヒューマン・スタジオ代表の丸山康彦氏や、勝山実氏に伝えたところ、「声を伝える場を作ろう」と言ってくれた。

二〇一二年三月、丸山氏が主催するイベント「第18回青少年支援セミナー」を手始めに、「当事者発信」「当事者活動」と名づけ自分たちの思いを伝えていくようになった。しかし、地元の神奈川で細々と活動するうちに、自分たちの声がなかなか支援者に届かない、変わっていかない状況も感じるようになってきた。もっと遠く、広く声を届けないと、支援の在り方が変わっていかないと感じ、活動を拡げたいと思うようになった。

†ひきこもりUX会議発足

「第18回青少年支援セミナー」にはのちに「ひきこもりUX会議」の共同代表理事となる恩田夏絵も参加していた。恩田も不登校・ひきこもり経験者であり、職場である「国際交流NGOピースボート」では洋上フリースクール「グローバルスクール」を開校しているという。その場では挨拶程度だったが、ゆっくり話す機会があったときに「神奈川と東京で何か一緒にやれたらいいですね」と伝えあった。その後、彼女の結婚パーティーに参加させてもらい、その場の明るく温かでピースフルな雰囲気にとても感激した私は、「こういうことができる人と何かやりたい」と思った。

だが「突然誘ったら驚くだろうし、迷惑かもしれない」「断られたらそれはそれでちょっとショックだし……」などしばらく逡巡する日が続いた。だが、何度考えても一緒にやるなら彼女しかいないと思った私は、思い切って恩田を呼び出し「当事者の声を伝えたい。一緒にやりたい」と伝えた。すると恩田はあっさりとも言えるほどすぐに「やりましょう」と言ってくれた。ひきこもりUX会議の始まりだった。

二人では難しいのでもう少しメンバーを集めようと、「不登校新聞」の編集長石井志昂《いしいしこう》さんに声をかけ、石井さんの知人でありのちに理事になる石崎森人《いしざきもりと》も参加することになった。さらにひきこもり当事者・経験者や家族、支援者が集う「ひきこもりフューチャーセッション庵」のディレクターである川初真吾《かわはつしんご》と、ピースボート乗船者であり元当事者のS君が加わり、二〇一四年一一月に不登校・ひきこもり経験者八名が自分たちの思いを伝える「ひきこもりUX会議」を東京・表参道で開催、三二〇名の参加者があった。

そのイベントの後、メンバーの入れ替わりがあり、現在は私の他に前述の恩田夏絵、石崎森人、川初真吾、そして室井《むろい》舞花《まいか》の五名が団体の理事となり、事務作業やひきこもりUX女子会を手伝ってくれるメンバーも含め一〇名ほどで活動している。

†今、思うこと

不登校やひきこもりの経験を「良かった」ことと思っている人もいるだろう。「それがあったから今の自分がある」と肯定する声は珍しくない。でも私は自分の経験を「良かった」とは思っていない。良かったというには、あまりにも多くのものを失ったという思いのほうが強い。私自身の不登校とひきこもりの経験はやや時間がかかりすぎ、こじらせたと思っている。ひきこもること自体は悪いことではなく、むしろときには必要なことだと思っているが、意思に反してあまりに長引くと、それ自体が傷になるように思う。

「ひきこもり」に関わるようになって二〇年以上が経過したが、その間に五人の友人を喪った。そのうち四人は自死だった。ひきこもりをことさらに問題視することは避けて欲しいと思うが、軽視するのも危険だと思う。私も渦中は、ほんの半歩踏み外したら奈落の底に落ちる＝「死」というイメージを常に持ちつつ過ごしていた。外からは傷が見えず、ただ怠けているように見られがちなひきこもりだが、心の中の苦しさは言葉では言い表わせないほど苛烈なものだ。

その言葉がなかった頃に不登校やひきこもりになった人は、すでに五〇代、六〇代、それ以上になっている。今現在でもひきこもり続けている人も少なくないだろう。私はたまたまいくつかの幸運な出会いもあり今は外の世界と繋がって暮らしているが、いつまたひきこもるかわからないという気持ちはずっと消えていない。条件が揃ってしまえば誰でもひきこもる可能性はある。

内面の苦しさを視ずに、外に出すだけ、就労させるだけでは何も解決しない。誰でも思いがけず困難な状況に陥ることはあるのだから、そのときに充分に休め、必要なときに助けを求められるような社会であってほしい。それはひきこもりだけでなく、すべての人にとって生きやすい社会ではないだろうか。

第五章

家族にどうしてほしいのか

ひきこもりを語る上で家族は避けて通れない。実態調査では「生きづらさの理由」が「親との関係」と答えた人は四割を越えた。親子関係が良好な場合でも家族ごと孤立し、長期間が過ぎることもまれではない。当事者と家族の関係、家族の関わり方やしてほしいこと、また、家族への支えや、近年見聞きすることが増えてきた兄弟姉妹についても考えていきたい。

1 家族とのかかわり

†実態調査から見る家族関係

「ひきこもり・生きづらさについての実態調査2019」では、家族関係についても聞いた。

「現在ひきこもり」の人の家族構成では、母と同居が六三・六%でもっとも高く、次いで父が五一・六%であり(複数回答)、親と同居している人が半数以上だった。

「経済的な支え」については、「父」が四九・四%でもっとも高く、次に「母」が四一・五%、「本人自身」が三二・六%だった。それに対して、「精神的な支え」は「母」が三七・七%でもっとも高く、次に「本人自身」三四・七%、「父」は一五・九%と低かった。

また、「生きづらさの理由」に「母との関係」と回答した人が四八・〇%、「父との関係」と回答した人は四四・四%と、半数近い人が親との関係から生きづらさを抱えていることがわかった。以上の結果からは、親が支えでもあり、生きづらさの原因でもあるという両義的な関係性が見てとれる。

自由記述には、「私が一番つらいのは、単刀直入に言うと「親が私の命綱であり、同時に呪縛でもある点」です。どうにも身動きが取れません」と書いた人があり、まさにそのようなアンビバレンツな苦しさのなかで暮らしている人は少なくないと思われる。

一方で、家族関係が良好な人たちももちろんいる。ひきこもりの原因が親でない人や、そうであったとしても、親がひきこもりに対して理解を示したり、かつての自分を振り返り子の苦しさに気付く場合などは、その後、良好な関係になることもある。

親には親の苦しさや生きづらさがあるだろうし、世代の差や社会の変化などもあって子について理解することは容易なことではないと思う。それでも、家に居ざるを得ない子の気持ちについて少しでも理解をしてくれたら、互いにとって、また子の生きづらさの解消、ひいては社会につながっていくための大きな支えになると思う。

以下、ご家族に知ってほしいこと、お願いしたいことについて書いていきたい。

†当事者に見えている世界

不登校やひきこもりは、家族や周りの人にとってはある日突然起こったかのように思えるだろうが、当事者はそこに至るまでに長い期間、傷ついたり、悩んだり、苦しんだりしながらなんとか毎日をサバイブしてきている。もうこれ以上頑張れないと限界を感じて「命を守るための行為」が、ひきこもるという状態だと私は思っている。「このままでは破綻する、立ち止まって考えないと生きていけない」という状態だ。本人もひきこもりになるまで、それほどに頑張ってきた自分に気づかないことも多い。

ひきこもりの状態について、私は図表5-1のように考えている。仕事や学校に行ったり、家事や育児をこなして、いわゆる「普通」に暮らしている人はゼロ地点より上の地上の世界で暮らしている。この世界には太陽も照るし星も見え、花も咲く。だがひきこもっている状態というのは、地下の土の中に「生き埋め」にされているようなものだ。土の中では息ができない、苦しい。私は焼かれるような熱さも感じていた。その世界には太陽は照らず、風も吹かず、真っ暗闇である。息もできず、前も後ろも右も左もわからない暗闇の中で「なんとかしたい、でもどうしたらいいのかわからない」ともがき苦しんでいるのがひきこもりの状態だ。

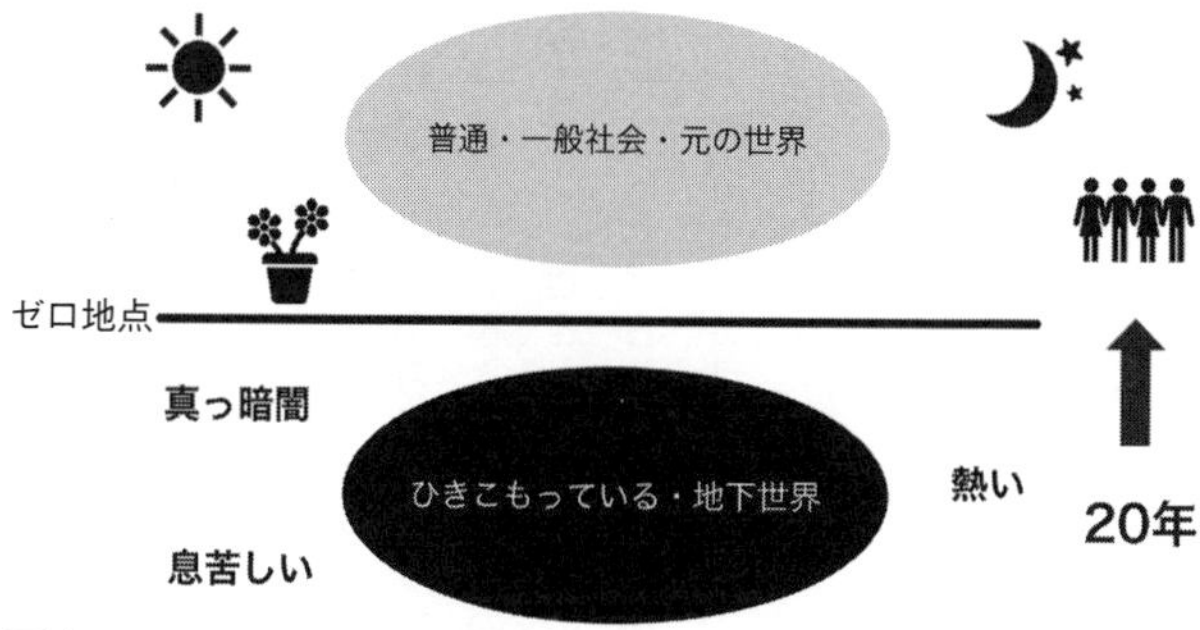

図表 5-1　ひきこもりの状態

ひきこもっている人に対し「みんな同じ、誰だって生きていれば辛いことはある。朝起きたくないと思う日もある。でもみんな頑張ってるんだよ。あなたたちは甘えている、怠けているだけだ」という言葉が投げかけられる。でもそれは、地上で生きている人の言葉だと私は思っている。

同じように、家族や支援者の人が「せめて朝起きよう」「今日は良い天気だからせめて散歩でもしたら」と言うことがあるが、私には意味のない言葉のように感じられる。それも、地上で生きている人の話だからだ。地上には太陽も照り、花も咲き、風が吹けば気持ちがいいだろう。だが、地中の世界にはそのようなものは何もない。日は差さず花も咲かない。ひきこもりの状態とは、地上の世界で暮らしている人とはまったく次元の違う世界に生きているようなものであり、地上の意識で声かけをしても届かない。

私自身一六歳から地中の世界にいて、なんとかゼロ地点にたどり着き、少し地上に顔を出せたと思えたのは三六歳のときだった。二〇年かかったわけである。今は地上の、太陽が照り風も吹く社会の片隅でなんとか生きていると思っているので、今後もあるであろう苦しいことやつらいことは、〝普通〟の人と同じ、〝みんな同じ〟だと思っている。でも、ひきこもっているときの暗闇の世界での苦しさは、まったく次元の違うものだった。

私は一六歳から三六歳まで二〇年昼夜逆転していたが、その間「もう明日起きなくていいや、どうせ起きられないのだから」と思ったことは一度たりともない。毎日「明日こそ起きよう、起きられるようにならなければまともに働くこともできない」と思っていた。それでも起きられないのである。

当時は太陽が大嫌いだった。外に出て太陽が照っているとみじめな自分を責められているような気持ちになり、この社会でちゃんとやっている人たち全員が自分を責めているようにも感じていた。こんなにダメな自分が白日の下にさらされるようでいたたまれなかったのである。一方で夜は、みんなが寝静まって静かになると少しだけ気持ちが楽になり、自分もこの暗闇の世界でなら生きていていいかなとかろうじて思える時間だった。

親や周りの人は心配からどうしても朝起きることを望み、気持ちがいいことをやらせたくなる。太陽の下でさわやかな風が吹いて、というような。でも、外が気持ちいいと思うのは、地上の世界に生きている人だからだ。地中の世界に生きている人のところにはそのような世界はない。

私は昼夜逆転しているとき、もう一生朝起きられることはないだろうと思っていた。今も朝七時〇〇分は私にとって「早朝」だが、用事があれば決められた時間に起きることができるようになった。今起きられなくてもあまり心配せず好きなだけ寝かせておいてあげてほしいと思う。

†家族の関わり方

地中の世界というのは、トンネルの中にも例えられる。トンネルの中は自分の力で歩いていくしかなく、いくら上から割ろうとしても、外から引っ張り出そうとしてもそれは難しい。不登校やひきこもりは「繭ごもり」「さなぎ」などに例えられることもあるが、繭やさなぎを外から無理やり破って引っぱり出せば、中の幼虫は死んでしまう。自分の力で抜け出すしかないのだ。

ではそれを少しでも早める、楽にするにはどうすればいいかというと、「北風と太陽」の話を思い出してみてほしい。叱咤激励したり説教をしたりするのではなく、居心地よくひきこもっていられる環境を作り、本人が苦しみながらもそこを通り抜けられるように温かく見守り支えるということだ。親子であっても、それぞれが一個人としてその人だけの人生を生きている。子どもが激しく苦しんでいるとしても、その苦しみは本人のものであり、他人がそれを肩代わりすることはできないと思う。

　精神科医の斎藤環さんは「愛は負けるが親切は勝つ」と言っているが、言い得て妙だと思う。愛情は難しい。知らずに害になってしまうこともある。でも、親切にするのならいいのではないかと思う。そのくらいの距離感がありがたい。

「よかれ」というのも愛情から出る言葉だと思うが、これは怖い言葉だと思う。親や支援者が「よかれ」と思ってやることは残念ながら良かった試しがない。「よかれ」や「べき」と思ったら、まずそれを疑ってほしい。「この子のためによかれと思っている。でも、この「よかれ」は本当は誰のためだろう。もしかして自分のためじゃないだろうか」と一旦立ち止まってみてほしいのだ。

「よかれ」が怖いのは、良いと思ってやることには歯止めがきかないからだ。悪いことをしていると思っているときは「このへんでやめとこう」と考えるが、「良いことをしている」と思うと、もっと良いこと、さらに良いことと、キリがない。そして気付けば、当事者の望みとは正反対のことを長年にわたって押し付け続けるということが起きる。

2 親にしてほしいこと

†ポジティブなメッセージを送ってほしい

では、どうしたら良いのか。

ひきこもり状態というのは、「ガソリンの入っていない車のようなもの」だとも思う。ガソリンの入っていない車を動かそうと外から働きかけてもそれは無理というものだ。車にガソリンが必要であるように、人もまずはエネルギーを貯める必要がある。

そのエネルギーとは図表5-2にあるように、何かしら当事者にとってポジティブな出来事や声かけであり、「安心感」や「理解」「共感」などである。ただし、これは一滴ずつしか溜まらずとても時間がかかる。

ところが、図表5-3のように当事者にとってネガティブな出来事や声掛けがあると、せっかく溜まったエネルギーは一気にゼロになる。また一からやり直しである。

私はこれを何度も繰り返しながら、なんとかいっぱいに溜まってあふれ出すようになったのが「生きてみよう」と思った三六歳のときだったと思う。

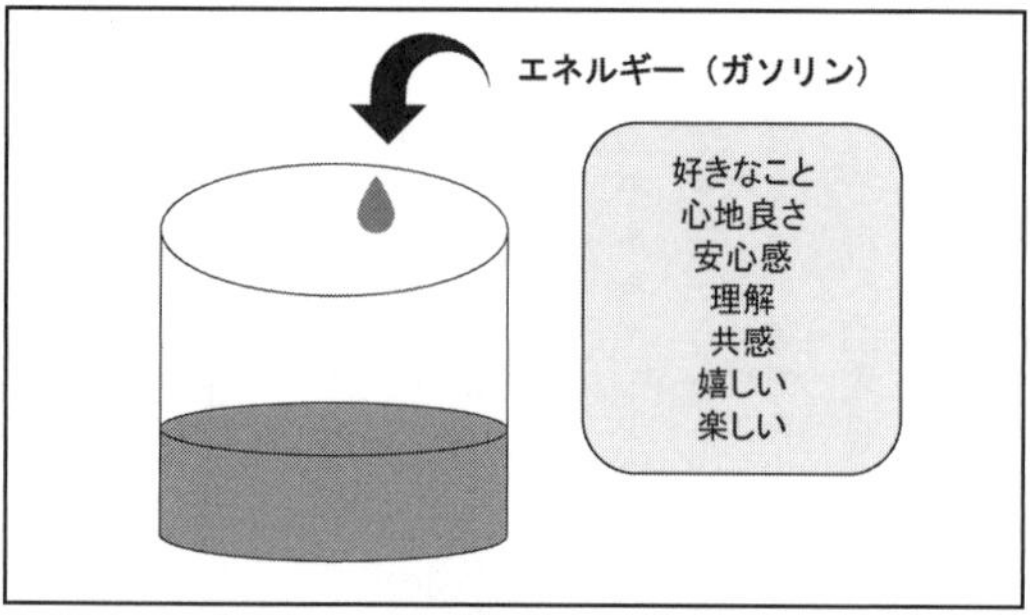

図表 5-2　ポジティブな出来事があったとき

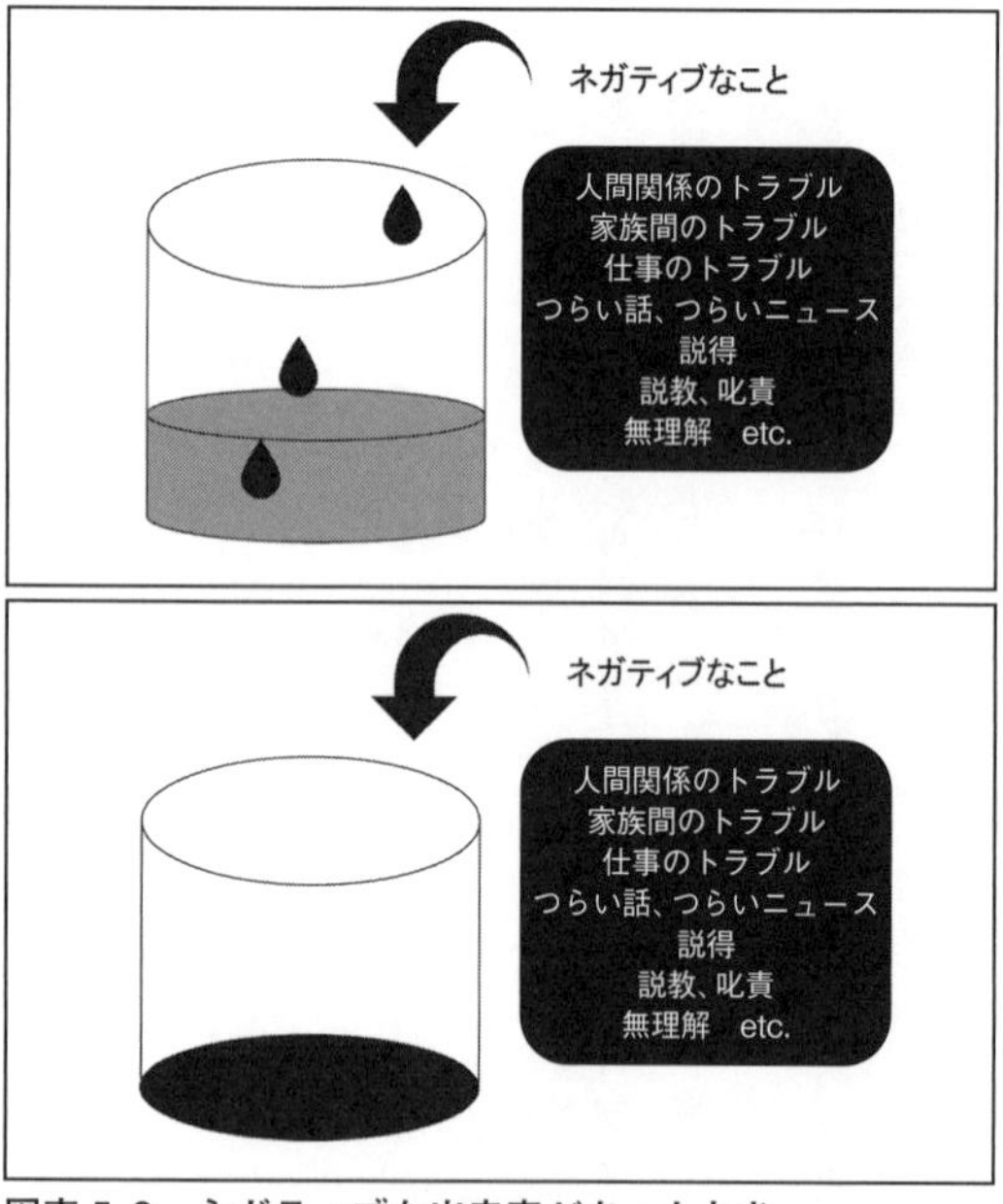

図表 5-3　ネガティブな出来事があったとき

家族にお願いしたいのは、一滴一滴溜めるための手助けをしてほしいということだ。そのためには、本人ができるだけ居心地よく、できることなら「楽しい」とか「うれしい」というポジティブな感情を持てるような、心地の良い環境を整えてあげることが必要だ。本人はありとあらゆる言葉ですでに自分を責めているので、傷口に塩を塗り込むようなことは必要ない。むしろ、それを消し去れるほどのプラスのメッセージを送ってほしい。「あなたには生きる価値があるし、誰よりもあなたを大切に思っている。あなたの人生を精一杯応援する」というメッセージを送り続け、エネルギーを溜める手助けをしてほしいと思う。

また、関わり方としては、できるだけ普通に家族の一員として接することが大切だと思う。たとえ返事がなくても「おはよう」「○○に行ってくるね」などと声をかけたり、腫れ物に触るようにするのではなく、他の兄弟とできる限り同じように接してほしい。

†NGワードとOKワード

声掛けのヒントとしてNGワードとOKワードも紹介したい。

NGワードの一つは「○○ちゃん、就職したんだって」とか「△△くん結婚したらしいよ」など同世代と比べること。また、「これからどうするの?」「お父さん、もうすぐ定年なんだけど」「もううちにはお金がない」などプレッシャーをかけるような声掛けもNGだ。親にすれば少し背中を押して動いてもらおうという思いで出る言葉だろうが、これはプレッシャーというよりは脅しであり、本人をよりひきこもらせるには効果的だが前に進んでほしいと思うなら最悪の言葉かけである。また前述したように、「学校行かなくていいし、仕事がつらいならしばらく休めばいい。でも、せめて朝は起きよう。散歩くらいはしよう」というのもNGで、そんなことができるならとっくにやっている。

ではOKワードは何かというと、社会問題や話題になっている人の話、本人の好きなことや趣味についてなどだ。実はひきこもりの人は投票率が高いといわれることもあり、社会問題に関心がある人も多い。ニュースなどをよく読み世の中の動きに敏感であり、自分事として政策や福祉の在り方などに関心を持つとも考えられる。

また、ゲームを一日中やっているようだったら教えてもらって一緒にやってみるとか、本人の好きなことについて聞いてみたり教えてもらったりするのもいい。スマートフォンやパソコンに詳しい当事者もいるので、習ってみるのも良いと思う。口はきかないが釣りやドライブには親と一緒に行くという人もいる。一緒に過ごす時間を増やすのも、いつか話ができるようになるには大切なことだと思う。

また、本人が家から、自室から出ない、口もきかないという場合、起きていることをそのまま理解してみてはどうだろうか。外に出ないということは家のほうが良く、外が嫌なわけだ。外に何かつらいこと、抵抗を感じることがあるのではないか。口をきかない場合、何かそうする理由があるはずで、以前に本人の気持ちをきちんと聴かずに否定したことはなかったか、いつも本人の希望とは違うことをしていないか、などと振り返ってみるのも良いのではないかと思う。

†「わかり合えない」から始める

親子はもっとも身近でありながら、ときにもっとも遠くなってしまう存在かもしれない。私も母とは「わかり合えない」と悟ったときに、ある一定の距離ができたことは否めない。だが、そのことで愛情がなくなるとか、関係が冷えるとかそういう感覚は一切なかった。むしろ「わかり合えない」とわかることは相手を理解しようとするための最初の一歩なのではないかと思う。もし「子どものことはなんでも自分が一番よくわかっている」と思っている親がいるとしたら、それはとても怖いことだと思う。子どもをわからない「他者」として認め、だからこそ理解したいと思ってくれたら、それが望ましい接し方ではないかと私は思う。

†本人のことは本人に聞く

前述した丸山康彦さんは「御用聞きの支援」ということも言っている。本人が望むことは本人に聞いてみる、ということだ。私もこの意見には賛同していて、「よかれ」と思って先走らず、まずは本人に聞いてみて欲しいと思っている。

そして本人が「これをしてほしい」とか「こういうふうにしてほしい」と言ってきたら、それをそのままやって欲しい。本人の希望をできる限り叶える。このときに注意してほしいのは、否定したり、条件をつけたりしないこと。「そうね、でも……」とか「その代わり、これ頑張ってみて」などと丸ごと受け止めなかった経験がある人も多いのではないだろうか。そうではなく、言ってきたことをそのままやることが重要だ。「でも」と言ったとたんに会話のシャッターが降りると思ってほしい。ただし、なんでも奴隷みたいに言うことを聞くということではない。「それはできるからやるけど、これ以上は無理」とか、「うちには今そこまでの余裕はないから、これならできるけどどうか」などと正直に伝えることは、同じくらい大切だと思う。ここで嘘をついたり隠したりはけっしてしないで欲しい。嘘は必ずばれ、そのときには取り返しがつかなくなる。

たまに暴力を受けるがままになっているというような話も聞くが、そういう必要はまったくなく、親にしても自分の人生を生きている一個人なわけで、自分の意見があるし、NOという権利もある。それは思ったままでいいと思う。例えば腹が立ったときに、怒っちゃいけないんじゃないかとか、言っちゃいけないんじゃないかと思う親もいると思うが、無理して止める必要はないと思う。「地雷を踏む」という言い方もあり、確かに親や家族の不用意な一言で当事者が傷つき荒れることもあると思うが、私は腹が立ったらそのまま言えばいいし、「それは違うと思う」というのも言っていいと思っている。むしろ、親も素のままの正直な自分を出すことは大切なことなのではないだろうか。嘘をついたりごまかしたりされることのほうが、ずっと本人にとってはつらいことだと思う。

また、よく聞かれることに「おこづかい」をどうするかがあるが、私はおこづかいはあげてほしいと思う。月に二万円とか三万円など定額を決めて渡す。お金がなければ交通費もなく出掛けることもままならない。プラスのエネルギーを貯めるためには、少しでも好きなことや心地よいことに触れることが大事だが、それにも多少のお金は必要だ。なかには「自分のような人間にお金はいらない、使わない」と思っている当事者もいるが、それでもできれば「いつか必要なときに」と渡してほしい。私はおこづかいを止められ仕方なくアルバイトを始めたが、そのことで疲弊しこじらせ、結果ひきこもり期間を長引かせたと感じている。

本人のことは本人にしかわからないので、聞くしかない。だけど、言ってくれないということも多いと思う。でも、自分のことをわかろうとしてくれているということは伝わる。それはやはり嬉しいし支えになる。「わかる」ということより「わかろうとしてくれている」と感じられることのほうが大事ではないかと思っている。

†親には親の人生を生きてほしい

ひきこもり当事者が親にして欲しいことを聞くと、よく挙がるものに「海外旅行に行ってほしい」というのがある。それもできれば三週間。親たちはガッカリするかもしれないが、要するに一人にしてほしいということだ。親が理解したい、なんとかしたいと一生懸命やってくれているのはよくわかっている。でも、自分のことだけを見て、心配されるのは、申し訳なさと共に重荷にもなる。たまには一人で、家の中でのびのびしたいのも本音ではないだろうか。食費分くらいを置いていけば、普段家から出ない子も案外コンビニやスーパーに行くかもしれないし、ネットで注文ができるのでピザなどの宅配を頼むなど新しい体験もできるかもしれない。

もうひとつ、当事者が望むこととして、「親には親の人生を生きてほしい」というものがある。自分のために親が苦労している、苦しんでいることは子どもにとってもつらいことだ。親が自身のこれまでの人生を振り返り、自らの親子関係や夫婦関係を見つめ直し、この先の人生をより良いものにしていこうと前を向いて進んでくれることは、当事者である子にとって心安らぐことであると思う。また、そういう親の変化は当事者にとっても自分と向き合い、前を向くきっかけになるのではないだろうか。

†親が変わると子も変わる

とはいえ、子どものことが心配で自分のことなど考えられない、と思う親もいるかもしれない。だが、「親が親の人生を生き」始めるとやはり子どもにも変化が起きる。

私はこれまで親の会などさまざまな場で多くの親御さんと出会ってきたが、たまに短期間で驚くような変化を見せる親御さんがいる。子どもの苦しさや状況がしっかりと見え、何かが「腑に落ちる」のだと思うが、その親御さん自身がみるみる変わっていくのだ。表情やヘアスタイル、服装まで変わる人もいて、「子どものことはもういいから、私は来週からオーストラリアに行ってくるわ！」などと生き生きと活動しだす。もちろん本当に「もういい」と思っているわけではなく、子は子の人生を歩み私は私の人生を歩む、ということを深いところで理解されるのではないかと感じている。

そうすると不思議なもので、だいたい半年ほどで子である当事者が動き出すのだ。家の中で、また親子関係にどのような変化が起きているのかはわからないが、親の変化が影響していることは確かだろうと思う。もちろんそれを狙って無理に「変化」してみようとしてもダメだろうが、たまに出会うそのような親御さんを見ていると、やはり「親には親の人生を……」というのは本当なのではないかと思う。

†社会に目を向ける

不登校もひきこもりもそうだが、学校には行くべきだとか、社会に出るべきだとか、仕事をするべきだとか、そういうことも一度疑ってみてほしい。

不登校もひきこもりもその本人や家族に問題があると思われがちだが、社会の側に問題はないのだろうか。「この社会には確かにおかしいことはたくさんあるけれど、それでも生きていかないといけないじゃないか」と言われるかもしれない。「そんな社会で生き抜くために強くならなければいけないのではないか」と。

でも、ほんとうにそうだろうか。たとえば、誤解を招く言い方かもしれないが、「働いている人がそんなに偉いのか？」と思う。外では立派に働いていても、家では家族を殴っている人も世の中にはいる。働いているから偉いとは必ずしも思わない（偉くないとも思っていないが）。子どもやお年寄りやなんらかの事情があって働けない人は世の中にたくさんいるが、そういう人たちには発言権がないのか、ダメな人なのかというとまったくそんなことはないわけで、人の価値は働くこととは関係ないと思う。

ひきこもりの当事者には優しく思いやりがあり、どちらかというと前に出るより一歩引いて人に譲るような人が多い。ある当事者に出会って、優しさというのはこんなにも「尊い」ものなのだと感じたことがある。私はそのことのほうにより価値を感じる。

問題なのは、当事者なのか、親なのか、もしかしたら多様性と寛容さのない社会の側かもしれないという視点も、家族に持ってもらいたいと思う。

いろいろな生き方や働き方があっていい、という考えが社会に浸透し、実際に生きていける仕組みができれば、「ひきこもり」は激減するのではないかと思っている。

†本気で向き合うとは

また、当事者のなかには目の前に「問い」を立て、常にそれと向き合っている人がいることも知ってほしい。「なぜ自分は生まれてきたのか」「何のために生きているのか」「学校って何だ。なぜ行かなければならないのか」「そもそも「働く」って何だ」「人はなぜ働かなくてはいけないのか」など、生きることについての本質的なことを、命がけで自問自答している。その当事者に生半可な声かけで話が通じるはずがないのだ。

もし、親や周囲の人が当事者に何か問いかけをしたい、話しかけたい、話を聞きたいと思ったら、自分も命がけで自分の人生を目の前に置いて、本気で問うという気持ちで向き合い、そこで得た言葉でもって声をかけない限り届かないと思う。なぜなら、こっちは本気だから。本気で命をかけた言葉をもってして初めて、何かしらの返答があるのではないかと思う。

†家族支援の必要性

子どもがひきこもると、多くの場合親は驚き、戸惑い、動揺する。叱責や説教、説得を繰り返すものの頑として動かない本人に対し、やがて失望し、あきらめ、奇妙な安定に入っていくこともある。昼夜逆転し、一日中寝ているかゲームまたはインターネットをしている、あせりも悩んでいる様子も見えない子どもに対し、甘えている、怠けていると感じる。一方で育て方が悪かったのか、厳しすぎたのか、甘やかしたのかと自らを責め、ときに他の家族や親族からも責められる。

当事者が苦しいのはもちろんだが、家族も長期間にわたり、誰にも本音を言えず相談できずに孤立することは少なくない。家族が支えられ、安心して暮らせるようになることは、必ず子である当事者にも良い影響があると思う。

そのためには地域の相談窓口などの他に、家族会が大きな役割を果たすのではないかと思う。どうしてもまだ、ひきこもりには誤解や偏見が付きまとう。家族にとっても、そのことは苦しさの要因のひとつではないだろうか。当事者にとって居場所が必要なように、家族にも同じような経験をした者同士で集い、思いを分かちあい支えあえる場が必要だ。

親が自ら立ち上げた家族会もあるし、民間や行政支援機関でも家族会を開催しているところがある。また、「KHJ全国ひきこもり家族会連合会」のような全国組織の家族会もあるので、ぜひご家族には一人で抱え込まず、そういった場を利用してほしいと思う。

3　私と家族

†父について

第四章では母との確執について書いた。では、父や妹たちは私にどう対応していたのか。質問を受けることも多いので少し書いてみようと思う。

父は公務員の父親と専業主婦の母親のもと、三人兄妹の長男として生まれ、戦争はあったものの、さほどの苦労はせず育ってきたようだ。口数が少なく穏やかな人で、父に怒られたことは一度もない。当時の会社員の多くがそうであったように、朝は早く夜は遅く、日曜日はたびたびゴルフに出掛けていて、接する時間はあまり多くはなかった。それでも地方暮しのなか、休みの日は車で各地の観光地や子どもが喜びそうな場所に連れて行ってくれた。

私は小さい頃から父とは相性が良く、かなりのファザコンだったと思う。不登校をしてもひきこもって昼夜逆転していても、ごくたまに「散歩でもしてきたら」と言うくらいでほとんど何も言われたことがない。定年後、料理に目覚めた父はよく夕食を作っていたが、夕方になって起きてくる私に「よく寝ますね」と言いながら食事を出してくれたときには、ありがたい半面、とても変わった人かもしれないと思うこともあった。

あるときすぐ下の妹が、「どうするの、お姉ちゃんこのままで。放っておいたらずっと家に居るよ」と父に言うと、「いいじゃない、居れば」と言ったそうだ。妹は「こりゃダメだ」とあきれたそうだが、常にそんな感じだった。

そういう、批判もジャッジもしない父の存在は、普段接する機会がそれほど多くなくても、私には大きかった。母に怒られることがあっても父はそれほど気にしていないと感じられることも多く、どこかで安心していた気がする。言うことを聞き良い子でいなければと神経質になりがちだった私も、そこで精神のバランスを取っていたように思う。

うるさく言われることもない代わりに、何かを教えてもらうこともなかった。三人の子が全員女の子だったので、男の子が欲しかった父にしてみれば、どう接したら良いのかわからなかった部分もあったのではないだろうか。仕事もあり、関わる時間も限られていた。あまりに何も言われないので、私たちに興味がないのかと思っていた時期もあるが、妹たちに子どもが生まれ、孫の世話をしている父を見ていてあるとき気付いた。父は、娘や孫たちは生きてさえいればいいと思っているのではないか。元気で暮らしてくれれば尚良いが、基本的にはそれ以上何も望んでいないのではないかと思った。

この原稿を執筆している最中に、その父が急死した。タクシーで病院に向かうほんの十数分の間に息を引き取った。八〇歳を過ぎ複数の基礎疾患を抱えており、いつ何があってもおかしくない、とある程度覚悟はしていた。しかし、別れを言う間もなく、ある日突然父がこの世からいなくなったことはとても不思議な感覚で、しばらく父のいないこの世界をどう捉えたらよいのかわからなかった。

父のいない寂しさに襲われ、なんとかして会いたいと思うときもあるが、フッと消えるような逝き方は父らしくもあり、最後まで私の思う父のままでいてくれたように思う。普段から特別に何かをしてくれる父ではなかったが、常に私の味方でいてくれた、その安心感が大きかったのだと感じている。

†妹たち

私には三つずつ離れた妹が二人いる。二人とも私と同じく転校を繰り返しながら育ってきており、知っている人の居ない地方で暮らすには姉妹で協力しなければならないことも多かったせいか、子どもの頃はケンカもしたが、比較的仲の良い姉妹ではないかと思う。父方も母方の親戚もみな兄弟姉妹の仲は良いので、それは当たり前のことだと捉え、あまり意識してきたことはなかった。

だが、当然ながら私の不登校、ひきこもりの期間は仲の良い姉妹とはいかなかった。諍いがあったわけではないが、のちにすぐ下の妹が「触らぬ神に祟りなしだった」と言ったように、ずいぶん気を遣わせただろうと思う。不登校になった一〇代後半のころは心身の状態がひどく悪かったので、母の意識は私に集中していた。当時まだ中学生だったすぐ下の妹は、一番下の妹の面倒もみていたし、気を遣うことも多かったのではないだろうか。

二人とも特に学校に通うことに困難がなくても、一日中寝ていて学校にも仕事にも行かない私を見ていると、イライラすることもあったと思う。実際多少のいざこざはあった。それでも私が自分を取り戻すまでの長い期間、妹たちと断絶するようなことはなかったし、面と向かって何か言われたこともない。彼女たちも学校を出て仕事をし、恋人ができて結婚、出産もするという、人生の大きな節目にいたので、私のことどころではなかったこともあるかもしれない。

ただ、母が私たち姉妹三人に、同様の態度で接していたことも大きかったように思う。不登校になった最初の頃こそ私に多く関わったものの、それ以降は特に私にかかりきりになるわけではなかった。母とは育つ過程のことで大きな諍いがあったが、私の不登校とひきこもりについて、否定的だったわけではない。母の友人や近所の人に「うちのお姉ちゃんドロップアウトしちゃったのよ〜」とまったく平気で口にしていたし、そのことで困っている様子も見せたことがなかった。その時々の姉妹の状況に応じて、「今はこの子に注意を向けておこう」などと考えてくれていたのではないかと思う。

現在、妹二人はその家族とともに近所で暮らしている。仕事を手伝ってもらったり、一緒にコンサートなどに出掛けたりすることもあり、比較的仲良くやっているように思う。姪や甥もいて、私は自分の子どもが欲しいと思ったことはないが、やはり彼らは可愛く、愛情を向けられる存在を与えてくれた妹たちには感謝している。

†兄弟姉妹について

家族であってもときに理解しがたいのは兄弟姉妹も同じだろう。ましてや同世代で一緒に育ってきたにも関わらず、自分とはまったく違う人生を送っている兄弟を見ていると、いらだちや歯がゆさなど否定的な感情を持つこともあるのではないだろうか。親が高齢になってくれば、この先どうするのだろう、親だけでなく、兄弟の面倒も自分がみていくのだろうかなど、さまざまな不安が出てくることもあると思う。

近年、ひきこもる人の兄弟姉妹が相談窓口に来たり、講演会などに参加することが増えてきた。親が高齢化するなかで兄弟姉妹はどのように当事者と関わっていけば良いのだろうか。ここでは私の妹にインタビューし、兄弟姉妹の思い、当事者との関わり方などについて聞いてみた。何か少しでもヒントを得ていただけたら幸いだ。

コラム そのとき、妹はどう思っていたか

姉の不登校

私が中学生の頃、学校に行けなくなった姉と母が毎日のように激しい言い争いをしていたことを今でもよく覚えています。姉の個室からギャーギャーと泣き叫ぶ姉の大声だけが聞こえてくる。「どうしてわかってくれないの」と泣きながら訴える姉に対し、母は抑えた声で「わかっているわよ。無理に学校へ行きなさいなんて言ってないじゃない。好きにさせてあげているのに、これ以上どうすればいいのよ」というようなことを答える。その繰り返しだったように記憶しています。ときには母の感情が爆発することもあり、姉の反抗的な態度に激昂した母が、血が出るほどに強く爪を立てて姉を抑えつけたこともありました。今では家族のなかで笑い話になっているけれど、二人ともとにかく激しかったです。

隣室でそれを聞く私は、「あー、また始まった。うるさいなぁ」と思いながら、姉に対しては「物凄いエネルギーだよな。そのエネルギーはどこから来るのかな」と妙に感心しつつ、「もう諦めればいいのに。お姉ちゃんはなんであんなにまでして何をわかってもら

いたいと思うんだろう」と少し不思議な感じもしていました。

当時の私は、姉が何故学校に行かなくなったのか、母との諍いで何を訴えているのか、姉の気持ちはまったく理解できませんでした。

父が出張で不在の日、姉が過呼吸の発作を起こしました。突然のことで何が起きたのかもわからず、呼吸ができず悶え苦しむ姉を目の当たりにして「お姉ちゃんが死んじゃう！」と本当に怖い思いをしました。救急車が到着するまでの時間が途方もなく長く感じました。母と姉は病院へ行き、私と妹が二人で留守番をしている間も「お姉ちゃんが死んだらどうしよう」とそればかり考えていました。

高校を休み通院を続けても姉の状況が好転することはなく、母と姉は占い師を頼ったこともありました。占い師は、姉には白いセーラー服を着た女の子がとり憑いていて、そのせいで学校に行けないんだと言い、その場でお祓いをしてもらったと帰宅した母から聞きました。母はその話をあまり信じてないようで、「まあ、人に勧められたから一応行ったけど……」ぐらいの感じで、深刻な雰囲気ではありませんでした。

でも、その話を聞いた私は、「えっ？　霊が憑りついてるってお姉ちゃんに言ったの？　そんなこと言われたらお姉ちゃんはすごくショックなんじゃないの？」と驚きました。

「だって、変なものがとり憑いてるって言うのは気が狂って頭がおかしいって言われてるようなもんじゃない。それは本人に言っちゃダメなんじゃないの?!」と子ども心に思ったけれど、母はデリカシーに欠ける所があるから、「ああ、言っちゃったんだな。それを聞いた姉はどう思ったのかな」と心配したことを覚えています。

姉が不登校になったことについて、「何で行かないんだろうな」と不思議に思ってはいたけれど、家に閉じこもる姉のことを「恥ずかしい」とか「内緒にしなくちゃ」というような感覚はまったくありませんでした。妹も同じように感じていたと思います。それは父と母が姉のことを「我が家の恥だ」とか「隠すべき存在」とは思ってなかったからで、私たち妹も「お姉ちゃんなんかいなくなればいいのに」とか、そういうふうに思ったことはありません。姉に対しネガティブな感情を抱かずに過ごせたことは、父と母の言動や心持ちのお陰だと思います。両親から言葉で具体的に言われたわけではないけれど、家の中の空気感として姉を腫れ物扱いすることはありませんでした。

†妹から見た姉

幼少期から、次女の私は姉とセットでよく怒られていました。今でもよく覚えているのが、母が買い物に行っている間にピアノの練習をしておきなさいと言われたときのこと。ピアノの練習は毎日のメニューが決まっていて、それを確実に漏れなくこなさなくてはなりません。でも母の不在をいいことに二人で共謀してメニューの一部を適当に済ませ練習をサボりました。帰宅した母には「ちゃんと練習を済ませました」と報告したものの、恐らく挙動不審で、母には嘘だとすぐにわかったのだと思います。

「いつもどおりちゃんとやったのか？」と問い詰められ、本当はちゃんとやってないことを告げると母は烈火のごとく怒りました。ピアノの前に正座をさせられ、「嘘をついた」ことについてものすごい勢いで叱責されました。私は早々に「ごめんなさい。もう嘘はつきません」と謝り放免されましたが、姉は「悪いことだと思うし、もう嘘はつかないと思うけれども、今後一生絶対に嘘をつかないっていう約束はできません」と泣きながら答えるのです。それを聞いた母は余計に激昂し、母の叱責と姉のごめんなさいの無限ループが続きます。頑として「これから先のことは約束できない」と言い続ける姉を見ながら、「先のことなんて構わず、ごめんなさい、もうしません、で終わるのになぁ」と小学一年生の私は思っていました。その日は根負けした母が「二度とやるんじゃない！」と言い置き、姉は解放されました。

また、姉が中学生の頃、母方の伯母が「何でも好きなもの買っていいわよ」と、姉と私と従姉妹を原宿へ連れ出してくれたことがありました。従姉妹と私は数件目の店で雑貨を買ってもらったけれど、姉は「欲しいものがないから今日は何も買わない」と言いました。

伯母は「せっかく来たんだから何でもいいから買いなさいよ」と繰り返しましたが、姉は「本当に欲しいものを買ってもらいたいから、今日はいい」と言って譲りません。結局姉だけ何も買わずに帰路に着きましたが、伯母が「ちょっと難しい子ね」というような、何とも複雑な表情を浮かべていたことを覚えています。私は伯母と姉のやりとりをみて、「とりあえず何でもいいから買ってもらえばいいのに。空気読みなよ」と思っていました。

こういうことは常々あって、「お姉ちゃんはなんでこんなにバカ正直で不器用なのかな」と思っていました。

姉は大人、特に母の言うことに対して盲目的に従順な面がある一方、頑として自分を譲らないところもありました。そういうときの姉は理屈抜きで気持ちのままでぶつかるから、理屈が最優先の母には姉の考えや行動が理解できなかったのだと思います。今思うと、二人はぶつかるべくしてぶつかったんだなと思うし、姉は母の言うことを「適当にあしらう」ことができなかったんだと思います。

†当時、感じていたこと

子供部屋のある二階へと上がってくる母の足音は、叱責へのカウントダウンです。ベッドで寝ていても、あの足音がするとビクッとして「何かやったかな？」と母の地雷ポイントに思いを巡らせます。大人になって他人にその話をすると「それは異常だよ」と言われました。「母親の足音を聞いて背筋が伸びるっていうのはそれちょっとおかしいよ」って。私たち姉妹にとってそれは日常であったけれど、他人に言われて初めて我が家の歪みのようなものに気づかされました。

†一番下の妹の存在

末っ子の妹は、いわゆる「良い子」ではなく、イタズラもするし母との約束も平気で破るし、姉や私からしたら考えられない行動を取ることがたくさんありました。でも末っ子特有の可愛らしさがありどこか憎めなくて、我が家の潤滑油であり、癒しのような存在でした。けれど私はよく妹をからかい、いじめていました。

幼稚園児の妹と小学校低学年の私の二人だけで近所へ買い物に行ったときのこと。突然私が「お腹が痛いから歩けない」と言って道路にうずくまります。苦しむ私に妹は驚き、どうしていいかわからずオロオロする。泣きそうになる妹を見て私は満足する……。こんなことを繰り返していました。

一方で、私はよく姉からいじめられていました。姉妹三人で留守番中に私だけ仲間はずれにする、姉の漫画を妹は読めるけれど私には見せてくれない、などなど。母から受ける抑圧のはけ口を姉は私に向け、私は妹に向ける。妹を可愛いと思う気持ちはもちろんあったし、破天荒でどこか抜けている妹は、私にとって間違いなく「救い」のような存在であったはずなのに、私も姉も自分より弱いものをいじめることで、ストレス解消のはけ口にしていました。

†父方の祖母の存在

私が小学校低学年の頃、コップをとってくれた祖母に「ありがとう」と言うと、「ちゃんとありがとうが言えて本当に偉いなぁ。ありがとうっていうのはとっても大事なんだよ。とても良いことだよ」とものすごく褒めてくれたことがありました。本当に何気なく伝えた一言だったので、思いがけず褒められ驚いたけれど、「ありがとうの一言で人はこんなに喜んでくれるんだ」と思い、とても嬉しく誇らしい気持ちになりました。当時の私は人見知りで自分から言葉を発することが苦手だったけれど、その後「ありがとう」だけはちゃんと口にしようと意識するようになりました。

また小学校高学年の頃、「誰かにぎゅーっと抱きしめてもらいたい」と強く思っていた時期がありました。でもその誰かは母ではなく、一番に思いついたのは祖母でした。あるとき、私は母に「なんだかすごく抱きしめて欲しいんだけど。おばあちゃんに」と言いました。今になると母にとっては残酷な申し出だったと思うけれど、母はすぐに私の思いを祖母に伝えてくれました。祖母は「いくらでもやってやるよ。おいでおいで」とニコニコ笑って両手を広げ、ぎゅっとしてくれました。おばあちゃんは私より小さい体なのに、その腕の中はとても安心感があって「海みたいだな」と感じました。それは一度だけでしたが、今でもよく覚えています。私にとって母は理性的で信頼できる人だったけれど、母性を感じる存在ではなくて、だから祖母にそれを求めたのだと思います。

祖母は尋常小学校しか通っておらず学歴こそ高くないものの、親として人として、生きていく上で大切なことを理屈でなく解っている人でした。そういう祖母の偉大さは亡くなったあとに気づいたことです。

†姉の不登校・ひきこもりが与えた影響

私自身も一〇代後半に、家に閉じこもっていた時期がありました。大学進学にあたり、自分の将来を真剣に考えたときに大きな壁にぶち当たったのです。浪人を経て進学したものの答えは見つからず、思考停止状態で休学もしました。それまでの私は大きな挫折もなく、母の望むような道を優等生として何の疑問も持たずに生きてきました。「良い大学に入って、一流の良い会社に就職する」という道だけを歩んできたけれど、自分の将来を真剣に考えて初めて自分で選択しなくてはいけないとなったときに、自分が本当にしたいことは何なのか、何者になりたいのか、先がまったく見えず何も選択することができず途方に暮れました。

それまでは与えられたものをただただこなしていれば良かったから、本当の意味で「考える」ということをしてきませんでした。いくら考えても正解がわからず、一晩中悶々として昼夜も逆転、先の見えない真っ暗なトンネルに迷い込んだような気持ちでした。

そのときに初めて、姉の気持ちが実感としてわかりました。世の中の矛盾、我が家の矛盾、自分自身の矛盾にも気づき、でもどうすることもできない、どうして良いかもわからない。「一五歳ぐらいでこんな思いを抱えてしまったら、そりゃ学校なんて行けなくなるよな」と思いました。

この経験は私の人生にとって大きな転機となりました。「私が私の人生をどう生きて行くのか」を考える上で、とても貴重な時間だったと思います。端からは、浪人してまで入った大学を休学し、何をするでもなく家でゴロゴロと過ごしているだけの怠け者に見える私を、母は許してくれました。それは間違いなく姉がいたから。姉の不登校・ひきこもりがあったから、母は私に悩み抜く時間を許してくれたのだと思います。母から「大学に行きなさい」と責められることはありませんでした。

ただ一つ、私と姉の違いがあるとすれば、私は母が納得しやすい理由を提示できたことにあったと思います。休学にあたり私は「仮面浪人」という免罪符を用意していました。あるときから私は、姉妹のなかで母から一番信頼されているだろうと感じていました。だからちゃんと説明をして段取りを付けて話をすれば、受け入れてもらえるだろうと考えたのです。大学休学と併せて予備校の授業料免除手続きも進め、手順を踏んで準備を整えた上で説得したので、母も受け入れやすかったのだと思います。

母はよく、私には理屈が通じるけど姉と妹には通じないと言っていました。私は母と似ているところが多く、無意識にですが母の「攻略法」を解っていました。何をするにしても、きちんと段取りと説明をするので、母と揉めることはほとんどありませんでした。だから私はずっと「お姉ちゃんは不器用だな」と思っていたのです。

一年後に復学した私はアルバイトを始め彼氏もできて、その頃にはもう完全に気持ちが家から外に向くようになっていました。二〇歳を超えた頃から、私は自分のことで精一杯で、姉のことはもちろん、家の中のことはほとんど関心を持っていませんでした。

†人生の道は一つじゃない

もし、姉が不登校・ひきこもりにならず、何事もなく人生を歩んでいたとしたら、おそらく私か妹のどちらかがドロップアウトしていただろうと思います。誰が悪いわけじゃないと思うけれど、やはり私たち家族にはどこか歪みがあったから。例えば妹なら、不登校ではなく非行に走って家出少女になってたんじゃないかなと思います。

妹も専門学校時代に「やめる・やめない」で母と揉めました。その学校は妹が希望して選択したわけではなく、母が良かれと思って決めたビジネス系専門学校の秘書コースでした。通学してみたものの、そこは妹の特性にはまったく合わずとても苦痛だったようです。あるとき、学校に行きたくない妹は自室に閉じこもり、扉にバリケードを作って母が部屋に入れないようにしました。母はベランダに回ると外から窓をバンバン叩いて「開けなさい！」と怒鳴ります。あの母に全力で抵抗する妹もアッパレだけど（姉と私にはできなかった）、一八歳にもなる娘を力ずくで思いどおりにさせようとする、母のエネルギーもすごいなと、妙に感心したのを覚えています。その後、専門学校を退学した妹はアルバイトでお金を貯め、自力で保育の専門学校に進学し保育士の資格を取得しました。

姉と私は、妹の退学を許すようにと母を説得しました。母は私に「あなたまで退学に賛成するのか」と言いましたが、私が「妹には別の道がある」と思えるようになっていたのは、間違いなく姉の不登校があったからだと思います。姉はこの家族の中で本当に大変な闘いをしてきたのだと思うけれど、我が家にとっては必要なことでした。なるべくしてなったことだったと今でもそう思います。

姉の不登校・ひきこもりがあったから、人生は「いい学校に行っていい会社に就職する」という一つの道だけじゃないことを知ったし、世の中にはいろいろな価値観があることを知るきっかけになりました。そのおかげで私は自分の人生が豊かになったと感じているし、そういう意味で、変な言い方かもしれないけれど、姉のひきこもりに感謝しています。

†人生に正解もない

姉の生き方を見ていて、人生の進むべき道はひとつじゃないということはわかりました。けれど、道が一つではないことを知ったが故に、私の悩みは深く複雑になってもいました。モラトリアムの大学生活が終われば就職しなくてはなりません。卒業後にどうするのか、もっといえば、私は何のために生きていくのか、この世の何が正しいのか、といった自分への問いは続いていました。悩みすぎて「出家したろか」と思い写経をしたこともありました。

その頃、私は姉が勤めはじめた学習塾でアルバイトをしていました。姉が見つけてきたその塾は、講師がみな本当に個性的で一筋縄ではいかない人々が集まっていましたが、とても居心地のよい雰囲気でした。学歴も職歴もさまざま、色々な背景を持った人達で、多様性と寛容さに溢れていたからだと思います。

あるとき、講師の先生に自分の悩みをポロっとこぼすと、その方は「何のために生きているのかなんて、そんなことを明確にわかって生きている人は一人もいないよ。それをずっと探し続けることが生きるっていうことだよ。ただ生きていくんだよ」と言ってくれました。そのとき、その言葉が本当にストーンと私の心に落ちてきました。

「ああ、なんだ。生きることに答えなんてないんだ」と。「絶対の正解なんて考えたってわからないんだ」という答えにたどり着きました。

また、「世の中には色々な選択肢があって、私が絶対に正しいと思うことも、違う見方をすれば正しいとはかぎらない。万人にとって絶対に正しいことなんてないし、正解はいくつもあるのだろう。けれども、自分としては今これを選択して生きていく」と当たり前のことにも気づくことができました。

それは普通に高校・大学に行って普通に就職していたら、触れることができなかった考え方だったかもしれません。だって、どんなことにも正解は一つしかないと思っていたし、それはいつも母が用意してくれていたものであったから。

姉が切り開いた道を辿った先に、モラトリアムを得て、個性的な講師が集まる塾でさまざまな生き方に触れ、生きる意味に思いを馳せ自分なりの答えを見つける。こんな贅沢な時間を若いときに過ごせたことは、とても幸運だったと思っています。

†「いつ死んでもいい」という思い

姉は一時期、「私は自分で立ち上がったと思っている」とよく言っていました。

姉は本当にめげなかった。諦めない、動く、足掻く、自ら行動する。その力は本当にすごいなといつも思っていました。それは母とガンガンぶつかることもそうだし、とてつもない生命力の強さ、根源的な魂の強さみたいなものを、私はずっと姉に感じていました。あの強さは何処から湧いてくるのだろう、私ならたぶんとっくに死んじゃってるなと思っていました。

一〇代の頃、私はずっといつ死んでもいいと思っていました。死はとても身近なもので、積極的な「死にたい」ではないけど「いつ、今この瞬間死んでもいい」と思っていました。「宿題やってないや。怒られる、どうしよう。でもまあいいや、死んじゃえば」と、本当に軽く「死のう」と思っていました。

今の若い人にもそういう人が多いと聞きます。鬱病の人は「死にたい」と言うけれど、ひきこもりの人や若い人は「消えたい」と言うそうです。積極的に「生きたい」とも「死にたい」とも思わない。でもすぐ「死んじゃえばいいや」って思う。そう思うと気が軽くなる、その気持ちは少し理解できます。

私は自己肯定感がとても低い子供だったと思います。「諦めていた」というのが近いかもしれません。それはやはり、転勤族だったことがとても大きく影響しています。小～中学校の九年間で四回転校し、「今これを一生懸命やってたって、どうせ後一年経ったら終わり」という虚しさ。それはいつもすごくありました。新しい土地で友達になっても二、三年でお別れ。文通してもどうせすぐ途切れて、また新しい友達作る。その繰り返し。

中学生のとき、初めて親友だと思える友達ができて、向こうもそう思ってくれていたと思います。あるとき、お祭りに一緒に行こうと誘ったら「幼稚園からの幼馴染と家族ぐるみで行くからごめんね」と言われたときに、「そりゃもう、絶対に叶わない。幼馴染って」「親友だなんて期待した自分がバカみたい。やっぱり友達はプツプツって切っていかないとやってられないわ」と思いました。もちろん、そんなことで親友でなくなるはずがないのに、期待したぶん、当時の私はすごく傷ついたのです。

だから「今これで終わってもいい」とか、「いつ死んでもいい」という思いは、自己防衛であり、両親や姉の影響というより、幼少期から転校を繰り返したことが大きいと思います。

†きょうだいとして親に伝えたいこと

両親は、姉のことで私や妹にプレッシャーをかけるようなことはまったく言いませんでした。そのことにとても感謝しています。きょうだいが互いを嫌いになってしまうような関係性は絶対に作らないで欲しいと強く思います。「ひきこもっている本人のことを悪く言わないこと」「どちらか一方だけを褒めないこと」「この子はこの子、あなたはあなた、というふうに切り離して考える」ということは、とても大切だと思います。

ひきこもっている子のために、兄弟姉妹に負担や我慢を強いる場面が生じた場合には、今の状況についてきちんと説明し、「申し訳ないけど、これについては我慢して欲しい。協力してほしい」というようなことは言ってもいいと思います。

子供はよくわかっています。変に隠されるよりも、正直に話して欲しい。でも、例えば「お兄ちゃんのせいでこれはできない」とか「お姉ちゃんのせいでウチはこんな状況になった」というような言い方は避けてほしい。また「きょうだいなんだから一生面倒を見てね」というようなことも絶対に言わないでください。親が思う以上にその言葉はとても重く大きな負担になります。結果として、「なんでこいつのせいで……」という感情を抱くようになってしまうかもしれません。

お互いがお互いの存在を負担に思うような状況は作らないで欲しい。いずれはきょうだいだけになってしまうのですから。

†ひきこもりの兄弟姉妹がいる人たちに向けて

兄弟姉妹には、「家の中が世の中の全てではないし、外に目を向けることはけっして逃げることではないよ」と言いたいです。「自分の人生を一番大切にしてください」と。家庭以外に自分の居場所を作って、楽しいことがあれば遠慮なく楽しんでほしいです。ひきこもっているきょうだいのことを必要以上に心配したり、無理に関わろうとするよりも、自分の世界をちゃんと作っていくということがとても大切だと思います。そのほうがむしろ、いい意味で家族に対して客観的になることができ、結果として支えるべきとき、必要なときに、家族の支えとなることができるのではないかと思います。

だからひきこもっているきょうだいに変な遠慮をして、自分を抑え込む必要はありません。「頑張ってるな、大変そうだな」ぐらいの距離感で充分ではないでしょうか。一緒になって悩んだり、本当に理解してあげなきゃ、なんていうのはたぶん無理だから。

小中学生ぐらいでは、家庭から距離を置くことは難しく、嫌でも巻き込まれてしまうことはあるでしょう。だからそこは、きょうだいの関係が悪くならないように、親が充分に配慮する必要があります。そしてある程度大人になったら、外へ出て家族と離れる時間を作るのがいいと思います。家出するみたいに逃げるのは違うけれども。

そして親亡き後は、ありとあらゆる支援機関を利用してください。残された家族だけで何とかしようとはせずに、さまざまな支援制度をできる限り使って、ひきこもっているきょうだいの生活を支える。そうでないと共倒れになってしまいます。やがて「あいつのせいで人生が狂った」と恨んで別れることになったら、これほど悲しいことはありません。自分ひとりでなんとかしようなんて間違っても思わないでください。

だって親ができなかったことを兄弟ができるわけないのですから。

二〇二〇年五月一七日（日）
妹にインタビュー

おわりに　その船の舵はあなたのもの

　ひきこもりからようやく抜け出しつつあった三〇代の半ば頃、ふと目の前にある映像が浮かんだことがある。私が、大きくも小さくもない船の舵を取り、目の前の大海原を見据えている。その映像が見えた瞬間「自分の船を取り戻した」と思った。これまで私は自分の船の舵を母や周りの大人たちに委ねてきた。でも今それを取り戻したのだと。目の前に広がる大海原はただただ茫漠としていてあまりにも寄りどころがなくとても怖かった。でも、この先たったひとりでも、たとえ嵐が来て船が揺らいでも、もう二度とこの舵を他人《ひと》には渡さない、と思った。

　これまでに多くの不登校、ひきこもりの当事者・経験者の人と出会ってきた。彼ら、彼女らはあまり言葉数は多くないけれど、ときにハッとするような言葉を発し驚かされる。深くものごとを考え、その思考の先で見つけたその人だけの言葉を発するので、説得力と響き方が違う。また、よく言われることではあるが、確かにひきこもりの人には優しく、思いやりのある人が多いように思う。だが、「優しさだけじゃ世間を渡れない」とか、優しいのは「弱さの裏返しだ」などと言われ、その「良さ」さえも批判の対象にされてきた。強くあること、早くたくさん、何かができることがそんなに大事だろうか。優しさと思いやりを批判される世界なんて、他のなにが揃っていても私はそんなところには居たくない。

また、当事者たちのなかには、文才や画才があったり、パソコンやインターネットに強かったり、粘り強く、まじめで丁寧だったりと、得意なことや良さを持つ人がたくさんいる。そして何より「ひきこもった」という体験は「財産」だ。「ひきこもり名人」として当事者活動をする勝山実さんは、「ひきこもり資産」という言い方をしているが、まさにそのとおりだと思う。ひきこもりの体験は必ずしもネガティブなものばかりではなく、ときにその「体験」こそが誰かを救い、この社会をより良くしていくための「財産」だと思っている。

「そんな風には思えない」「きれいごとだ」と言う人もいるかもしれない。私も二度と生き埋めにされて「死んでるように生きている」あの頃には戻りたくはない。それでも、あのとき感じていたこと、考えていたことを、今多くの人と分かち合うことができ、それが活動につながっていることも事実だ。

ご家族や支援者の方たちには、そういう「財産」＝「宝」を本人が持っていることを感じてほしいと思う。その「宝」はその人の胸の真ん中にあって、私は人と話すときにそこを見ているような気がする。そこに、その人にしかない大切なものがあると思うので、顔を見つつも目に見えない「宝」に焦点を当てて対話をしてほしいと思う。

ひきこもりや不登校を個人や家族の問題とだけ捉えるのではなく、やり直しや学び直しがきかない社会の側に問題はないのかと問う視点は重要だと思う。一度ドロップアウトすれば、その後の選択肢がほとんどないなかで、当事者を矯正し、訓練して元の社会に戻すという発想ではもうどうにもならない。どんな状況にあっても誰もが生きることを諦めないでいられる社会の仕組みづくりが必要だ。

今や、いくつかの要因が重なれば、誰もが容易にひきこもり状態に陥る可能性がある。自分とは関係のないもの、違う世界のことだとは言えない時代になった。誰もが安心して暮らし生きていくために、また何度でもやり直しができる社会をつくるために、すべての人が考え、行動していく必要があるのではないだろうか。

現在ひきこもりはその捉え方において、また支援において大きな端境期を迎えている。これまでの「就労支援」一辺倒から、ひきこもる当事者や経験者、家族の話を聴き、その思いに寄り添った支援を構築していこうと、国や自治体、支援者の方たちが動きはじめてくれている。奪われた人生の「舵」を取り戻すこと。それが「自分の人生を自分でデザインできること」であり、今後の支援においてはそのためのサポートをお願いしたい。あくまでも支援の主人公は当事者であり、当事者が自らの心の声に従って歩いていけるように後方から支えてもらえたらありがたい。

執筆を始めてから二年以上が経過した。この間、コロナ禍や父の急死などもあり筆が止まった時期もあった。その間気長に待っていてくださった、濱政宏司さん、桐谷沙耶さん（仮名）にお礼を申し上げたい。

その他執筆にさまざまな形で協力してくださった方々、また、これまで私を広い心で受け入れ支えてきてくれた、旧・新ひきこもりについて考える会、ヒッキーネット、全国不登校新聞社、ひきこもりUX会議のメンバーや世話人の皆さん、そして当事者・経験者の友人たちにも改めてお礼をお伝えしたい。これからもどうぞよろしくお願いします。

そして、執筆のきっかけをくださった筑摩書房の河内卓さん、最後まで伴走してくださった藤岡美玲さんにも御礼申し上げます。本当にありがとうございました。

最後に、この原稿を書くにあたって「あなたが思っていることを書けばいい」と言ってくれた母に、そして執筆に協力してくれた家族にも感謝したい。
この本が、少しでも不登校やひきこもりについての理解が進むきっかけになってくれたならこれに勝る喜びはありません。

二〇二一年一一月

林 恭子

付録1 調査やアンケートの自由記述

＊一部を抜粋し、読みやすいように内容を変えずに修正した部分があります（表記・表現原文ママ）

「ひきこもり・生きづらさについての実態調査２０１９」より

●（前略）今まで10年近く抱え続けていた気持ちを約3週間で書き込むことは難しかったので、これからもアンケートを続けてほしいと思いました。「誰もが生きやすい社会」や「自分の人生を自分でデザインできる社会」は私にとっても悲願であり、私の声でもお力になれるのでしたらぜひ協力させて下さい。ずっと誰にも打ち明けられずに独りで抱え続けていた悩みと願いを勇気を出して伝えたいと思います。

●「ひきこもり」という言葉が独り歩きして、まだまだ実情というか、引きこもっている人が楽をしてる訳じゃなくて、とても苦しんでいるということへの世間の認識がとても低いように思う。その偏見が、よけいに当事者たちを苦しめている。（中略）こういったアンケートで、引きこもり当事者の声が社会に発信されるのは意義のある事だと思う。

●「引きこもりが起因とされる犯罪」の報道の仕方について問題提起をして欲しいです。当事者はものすごく不安になり、傷つき、怯えます。テレビで報道を見た後、居場所と自分の存在すら外圧によって奪われてしまうのではないかという思いに駆られ半日泣いていました。追い詰められたら自殺しようと決意するほど傷つき思い詰めました。
●引きこもる前は、「引きこもりは甘え！　気持ち悪い！」と思い、軽蔑さえしていたのですが、精神の不調で引きこもったときは、その考えは一元的な視点でしか見えてない、視野の狭いものだと感じました。（中略）台風が来たときに避難先へ逃げることは悪いことではない（むしろ、生きるためには絶対にやるべきことです）ように、引きこもりは一種の避難行動として受け取ることができると思います。
●自分はやはり社会にとり存在しているのが不都合な程度に劣等種だとの思いが拭えませんし、その割にはのうのうと生きてきたとは思いますが、かといって世間から欠陥品として扱われて生き続けるのは耐えられません。よしんばそのような目で見られない社会になったとして生きていたいとは全く思いません。当然皆様方には到底受け入れられる意見ではとは思いますが、自分の望むかたちで死にたい。これが私の切なる願いです。
●（前略）国や自治体、支援団体には、無駄な就労支援はやめてほしい。生きづらさを抱えた者に対する就労支援で働く意欲を引き出したところで、受け入れる社会に、人々に余裕がなければ意味がないのだ。ベーシックインカムが理想だ。
●両親の介護で合う条件の仕事がなかなか無い。
●いきなりフルタイムで働く自信がないうえに、勤務地や通勤時間の問題に加え職歴がほとんどないので就業先が見つからない。

●ひきこもり状態から脱して働きたいと思うモチベーションは決してポジティブなものではなく、働いていないことへの劣等感やブランクができることへの恐怖感です。
●今も社会に出て働くことへの不安は多く、このままやっていく自信はいつでも崩れそうになっていて不安定な状態です。でも、それでも、6年続けることができていることは、自分自身の問題は引きこもっていた学生の頃とそんなに変わりありませんが、周りの方に支えられて就労できているように思います。

「ひきこもりUX女子会」アンケートより
●とても力づけられると共に、私はこんな出会いを求めていたのだと気付かされました。
●生きていても良いと肯定してもらったような気持ちになれた。次の女子会までに達成する目標を設定して行動できた。
●外に出る大きなきっかけと貰いました。人と会うため、自分自身の手入れをしっかりしようと思えました。女性だけの集まりはとても珍しく、本当にありがたいです。
●ひきこもり女子会というものが存在していることに、とても救われています。ありがとうございました。
●しんどいのは自分だけではないと、リアルに感じられた事。
●ずっと一人で悩んでいたけれど、参加をすることで仲間と出会い、自分は一人じゃないんだと思った。気持ちが前向きになった。
●ひきこもり女子会の事を知った時嬉しかった。人と話すのが怖くて苦手だけど参加とてもしたいです。だけど会場が遠くて残念。田舎は交通に本当に不便。車ないと尚更。いつかうちの県でも開催してほしいです。何かきっかけ掴みたい。

「ひきこもりUX女子会 in OSAKA」アンケートより
●UX大阪支部を作ってほしいです。毎年、ひきこもり女子会ツアーを開催してほしいです。
●月1回茨木で女子会して下さい。そうすれば体調よくなっていく。
●昨年は、吹田・枚方・宇治の女子会に参加しました。遠出する(電車に乗る)機会にもなりました。

『女性のひきこもり・生きづらさについての実態調査2017報告書』より
●ビジネスマナーよりも、世間の暗黙の了解とか、行政の手続きの仕方とかを教えて欲しかった。必要なのは生きていくための術。
●今まで通所していた施設は男性が多かったので、女性に特化したような生活支援や就労支援のサービスがあれば利用したいです。
●精神的安定のため家族と離れた方がいい人などが一定期間住める所(この間、就労体験やバイトをするなど）の提供。

●動くことも調べることもできない、自分で手続きとかもできない孤立した引きこもりには孤独死しかないのかなと思った。だれも手をさしのべてくれることはない。絶望しかなかった。

●改善したいと望みを持つ気力はほぼ無く最善は人生が終わることだと思っている。お金がないのでカウンセリングや病院に行く余裕はない。

付録2　不登校・ひきこもり関連団体リスト

一般社団法人ひきこもりUX会議

不登校・ひきこもり・発達障害・性的マイノリティいずれかの当事者・経験者で構成されている「一般社団法人ひきこもりUX会議」は二〇一四年六月に発足した。「当事者」たちが長い時間をかけて経験してきた生きづらさや葛藤、居場所のなさ、またさまざまな支援、そのすべてが〝Unique eXperience〟(ユニーク・エクスペリエンス＝固有の体験)だと捉え、当事者の視点から「生存戦略」の提案・発信を続けている。

活動内容:イベント開催、実態調査、出版事業、講演、メディアでの発信、政策提言など。

https://uxkaigi.jp/

〈出版物一覧〉

『わたしたちの生存戦略　ひきこもり女子会』

『わたしたちの生存戦略　ひきこもり女性たちのUX』

『「女性のひきこもり・生きづらさについての実態調査2017」報告書』

『「ひきこもり・生きづらさについての実態調査2019」報告書三冊セット（総合・性別ごと・現在「ひきこもり」）』
『ひきこもり白書2021〈1、686人の声から見えたひきこもり・生きづらさの実態〉』
＊販売サイト　https://uxkaigi.base.shop/
『ひきこもり当事者やその家族と支援領域のプラットフォーム「Junction」』報告書
http://blog.livedoor.jp/uxkaigi/archives/1078805666.html#more

新ひきこもりについて考える会
ひきこもりの当事者・経験者をはじめ、ひきこもりの方と接しているご家族の方、支援に携わる方、ひきこもりに関心を持つ市民らが対等な立場で話し合い親睦を深める会。
https://hkangaerukai.wordpress.com/

ヒッキーネット
神奈川県の不登校・ひきこもりの親の会を中心としたネットワーク。年四回の定例会のほか、イベントの開催、出店など。
https://hikihikinet.wixsite.com/hikihikinet

ひきポス

ひきこもり当事者、経験者の声を発信する情報発信メディア。生きづらさ問題を当事者目線で取り上げる。

https://www.hikipos.info/

不登校新聞

1998年に日本で初めて創刊された不登校の専門紙。創刊前年の夏休み明け前後に発生した中学生の自殺などをきっかけに、「学校に行くか死ぬかしかないという状況を変えたい」との思いから創刊。編集方針は創刊以来「当事者視点」。

https://www.futoko.org/　電話番号：03-6912-0981

特定非営利活動法人KHJ全国ひきこもり家族会連合会

日本で唯一の全国組織の家族会（当事者団体）。ひきこもりを抱えた家族・本人が社会的に孤立しないよう、全国の家族会と連携し、行政に働きかけながら、誰もが希望を持てる社会の実現を目指している。

https://www.khj-h.com/　電話番号：03-5944-5250

男女共同参画センター横浜南「ガールズサポート」
https://girls-support.info/

豊中市くらし支援課「ひきこもり状態に関する相談」
https://www.city.toyonaka.osaka.jp/kurashi/roudou/hikikomori_consult.html

豊中市「若者支援総合相談窓口」
https://www.city.toyonaka.osaka.jp/kurashi/roudou/wakamonoshien/wakamonosougousoudan.html

ちくま新書
1621

ひきこもりの真実《しんじつ》
——就労《しゅうろう》より自立《じりつ》より大切《たいせつ》なこと

二〇二一年一二月一〇日　第一刷発行

著　者　林　恭子（はやし・きょうこ）

発行者　喜入冬子

発行所　株式会社　筑摩書房
東京都台東区蔵前二-五-三　郵便番号一一一-八七五五
電話番号〇三-五六八七-二六〇一（代表）

装幀者　間村俊一

印刷・製本　株式会社　精興社

ISBN978-4-480-07446-1 C0236

ちくま新書

1611 「ひきこもり」から考える ——〈聴く〉から始める支援論　石川良子
葛藤を言葉にできない「語れなさ」を抱えて立ちすくむ「ひきこもり」。その支援の本質は当事者の声を〈聴く〉ことにある。読むとなぜかホッとする支援論。

1163 家族幻想 ——「ひきこもり」から問う　杉山春
現代の息苦しさを象徴する「ひきこもり」。閉ざされた内奥では何が起きているのか？〈家族の絆〉という神話に巨大な疑問符をつきつける圧倒的なノンフィクション。

1091 もじれる社会 ——戦後日本型循環モデルを超えて　本田由紀
もじれる＝もつれ＋こじれ。行き詰まり、悶々とした状況にある日本社会の見取図を描き直し、教育・仕事・家族の各領域が抱える問題を分析、解決策を考える。

1226 「母と子」という病　高橋和巳
人間に最も大きな心理的影響を及ぼす存在は「母」であり、誰もが逃れられない。母を三つのタイプに分け、それぞれの子との愛着関係と、そこに潜む病を分析する。

1242 LGBTを読みとく ——クィア・スタディーズ入門　森山至貴
広まりつつあるLGBTという概念。しかし、それだけでは多様な性は取りこぼされ、マイノリティに対する差別もなくならない。正確な知識を得るための教科書。

1336 対人距離がわからない ——どうしてあの人はうまくいくのか？　岡田尊司
ほどよい対人距離と親密さは、幸福な人間関係を維持していくための重要な鍵だ。臨床データが教える、社会にうまく適応し、成功と幸福を手に入れる技術とは。

1371 アンダークラス ——新たな下層階級の出現　橋本健二
就業人口の15％が平均年収186万円。この階級の人々はどのように生きているのか？　若年・中年、女性、高齢者とケースにあわせ、その実態を明らかにする。